Dies ist eine energetische
Schweineblutsendung
Schweineblut – Schweineblut -
Schweineblut

AF282620

Herold zu Moschdehner

Dies ist eine energetische Schweineblutsendung

Schweineblut – Schweineblut – Schweineblut

Bibliografische Information der Deutschen
Nationalbibliothek
Die Deutsche Nationalbibliothek verzeichnet
diese Publikation in der Deutschen
Nationalbibliografie; detaillierte bibliografische
Daten sind im Internet über http://dnb.d-nb.de
abrufbar.

ISBN: 9783757804275

Herstellung und Verlag: BoD - Books on
Demand, Norderstedt

9,99 Euro

Immer wieder Schweineblut.

Herold zu Moschdehner

Schweineblut Schweineblut Schweineblut
Schweineblut Schweineblut Schweineblut
Schweineblut Schweineblut Schweineblut
Schweineblut Schweineblut Schweineblut
Schweineblut Schweineblut Schweineblut
Schweineblut Schweineblut Schweineblut
Schweineblut Schweineblut Schweineblut
Schweineblut Schweineblut Schweineblut
Schweineblut Schweineblut Schweineblut
Schweineblut Schweineblut Schweineblut
Schweineblut Schweineblut Schweineblut
Schweineblut Schweineblut Schweineblut
Schweineblut Schweineblut Schweineblut
Schweineblut Schweineblut Schweineblut
Schweineblut Schweineblut Schweineblut
Schweineblut Schweineblut Schweineblut
Schweineblut Schweineblut Schweineblut
Schweineblut Schweineblut Schweineblut
Schweineblut Schweineblut Schweineblut
Schweineblut Schweineblut Schweineblut
Schweineblut Schweineblut Schweineblut
Schweineblut Schweineblut Schweineblut
Schweineblut Schweineblut Schweineblut
Schweineblut Schweineblut Schweineblut
Schweineblut Schweineblut Schweineblut
Schweineblut Schweineblut Schweineblut
Schweineblut Schweineblut Schweineblut
Schweineblut Schweineblut Schweineblut
Schweineblut Schweineblut Schweineblut
Schweineblut Schweineblut Schweineblut
Schweineblut Schweineblut Schweineblut
Schweineblut Schweineblut Schweineblut
Schweineblut Schweineblut Schweineblut
Schweineblut Schweineblut Schweineblut
Schweineblut Schweineblut Schweineblut
Schweineblut Schweineblut Schweineblut
Schweineblut Schweineblut Schweineblut
Schweineblut Schweineblut Schweineblut
Schweineblut Schweineblut Schweineblut
Schweineblut Schweineblut Schweineblut

Schweineblut Schweineblut Schweineblut
Schweineblut Schweineblut Schweineblut
Schweineblut Schweineblut Schweineblut
Schweineblut Schweineblut Schweineblut
Schweineblut Schweineblut Schweineblut
Schweineblut Schweineblut Schweineblut
Schweineblut Schweineblut Schweineblut
Schweineblut Schweineblut Schweineblut
Schweineblut Schweineblut Schweineblut
Schweineblut Schweineblut Schweineblut
Schweineblut Schweineblut Schweineblut
Schweineblut Schweineblut Schweineblut
Schweineblut Schweineblut Schweineblut
Schweineblut Schweineblut Schweineblut
Schweineblut Schweineblut Schweineblut
Schweineblut Schweineblut Schweineblut
Schweineblut Schweineblut Schweineblut
Schweineblut Schweineblut Schweineblut
Schweineblut Schweineblut Schweineblut
Schweineblut Schweineblut Schweineblut
Schweineblut Schweineblut Schweineblut
Schweineblut Schweineblut Schweineblut
Schweineblut Schweineblut Schweineblut
Schweineblut Schweineblut Schweineblut
Schweineblut Schweineblut Schweineblut
Schweineblut Schweineblut Schweineblut
Schweineblut Schweineblut Schweineblut
Schweineblut Schweineblut Schweineblut
Schweineblut Schweineblut Schweineblut
Schweineblut Schweineblut Schweineblut
Schweineblut Schweineblut Schweineblut
Schweineblut Schweineblut Schweineblut
Schweineblut Schweineblut Schweineblut
Schweineblut Schweineblut Schweineblut
Schweineblut Schweineblut Schweineblut
Schweineblut Schweineblut Schweineblut
Schweineblut Schweineblut Schweineblut

Schweineblut Schweineblut Schweineblut
Schweineblut Schweineblut Schweineblut
Schweineblut Schweineblut Schweineblut
Schweineblut Schweineblut Schweineblut
Schweineblut Schweineblut Schweineblut
Schweineblut Schweineblut Schweineblut
Schweineblut Schweineblut Schweineblut
Schweineblut Schweineblut Schweineblut
Schweineblut Schweineblut Schweineblut
Schweineblut Schweineblut Schweineblut
Schweineblut Schweineblut Schweineblut
Schweineblut Schweineblut Schweineblut
Schweineblut Schweineblut Schweineblut
Schweineblut Schweineblut Schweineblut
Schweineblut Schweineblut Schweineblut
Schweineblut Schweineblut Schweineblut
Schweineblut Schweineblut Schweineblut
Schweineblut Schweineblut Schweineblut
Schweineblut Schweineblut Schweineblut
Schweineblut Schweineblut Schweineblut
Schweineblut Schweineblut Schweineblut
Schweineblut Schweineblut Schweineblut
Schweineblut Schweineblut Schweineblut
Schweineblut Schweineblut Schweineblut
Schweineblut Schweineblut Schweineblut
Schweineblut Schweineblut Schweineblut
Schweineblut Schweineblut Schweineblut
Schweineblut Schweineblut Schweineblut
Schweineblut Schweineblut Schweineblut
Schweineblut Schweineblut Schweineblut
Schweineblut Schweineblut Schweineblut
Schweineblut Schweineblut Schweineblut
Schweineblut Schweineblut Schweineblut
Schweineblut Schweineblut Schweineblut
Schweineblut Schweineblut Schweineblut
Schweineblut Schweineblut Schweineblut
Schweineblut Schweineblut Schweineblut
Schweineblut Schweineblut Schweineblut
Schweineblut Schweineblut Schweineblut

Schweineblut Schweineblut Schweineblut
Schweineblut Schweineblut Schweineblut
Schweineblut Schweineblut Schweineblut
Schweineblut Schweineblut Schweineblut
Schweineblut Schweineblut Schweineblut
Schweineblut Schweineblut Schweineblut
Schweineblut Schweineblut Schweineblut
Schweineblut Schweineblut Schweineblut
Schweineblut Schweineblut Schweineblut
Schweineblut Schweineblut Schweineblut
Schweineblut Schweineblut Schweineblut
Schweineblut Schweineblut Schweineblut
Schweineblut Schweineblut Schweineblut
Schweineblut Schweineblut Schweineblut
Schweineblut Schweineblut Schweineblut
Schweineblut Schweineblut Schweineblut
Schweineblut Schweineblut Schweineblut
Schweineblut Schweineblut Schweineblut
Schweineblut Schweineblut Schweineblut
Schweineblut Schweineblut Schweineblut
Schweineblut Schweineblut Schweineblut
Schweineblut Schweineblut Schweineblut
Schweineblut Schweineblut Schweineblut
Schweineblut Schweineblut Schweineblut
Schweineblut Schweineblut Schweineblut
Schweineblut Schweineblut Schweineblut
Schweineblut Schweineblut Schweineblut
Schweineblut Schweineblut Schweineblut
Schweineblut Schweineblut Schweineblut
Schweineblut Schweineblut Schweineblut
Schweineblut Schweineblut Schweineblut
Schweineblut Schweineblut Schweineblut
Schweineblut Schweineblut Schweineblut
Schweineblut Schweineblut Schweineblut
Schweineblut Schweineblut Schweineblut
Schweineblut Schweineblut Schweineblut
Schweineblut Schweineblut Schweineblut

Schweineblut Schweineblut Schweineblut
Schweineblut Schweineblut Schweineblut
Schweineblut Schweineblut Schweineblut
Schweineblut Schweineblut Schweineblut
Schweineblut Schweineblut Schweineblut
Schweineblut Schweineblut Schweineblut
Schweineblut Schweineblut Schweineblut
Schweineblut Schweineblut Schweineblut
Schweineblut Schweineblut Schweineblut
Schweineblut Schweineblut Schweineblut
Schweineblut Schweineblut Schweineblut
Schweineblut Schweineblut Schweineblut
Schweineblut Schweineblut Schweineblut
Schweineblut Schweineblut Schweineblut
Schweineblut Schweineblut Schweineblut
Schweineblut Schweineblut Schweineblut
Schweineblut Schweineblut Schweineblut
Schweineblut Schweineblut Schweineblut
Schweineblut Schweineblut Schweineblut
Schweineblut Schweineblut Schweineblut
Schweineblut Schweineblut Schweineblut
Schweineblut Schweineblut Schweineblut
Schweineblut Schweineblut Schweineblut
Schweineblut Schweineblut Schweineblut
Schweineblut Schweineblut Schweineblut
Schweineblut Schweineblut Schweineblut
Schweineblut Schweineblut Schweineblut
Schweineblut Schweineblut Schweineblut
Schweineblut Schweineblut Schweineblut
Schweineblut Schweineblut Schweineblut
Schweineblut Schweineblut Schweineblut
Schweineblut Schweineblut Schweineblut
Schweineblut Schweineblut Schweineblut
Schweineblut Schweineblut Schweineblut
Schweineblut Schweineblut Schweineblut
Schweineblut Schweineblut Schweineblut
Schweineblut Schweineblut Schweineblut
Schweineblut Schweineblut Schweineblut

Schweineblut Schweineblut Schweineblut
Schweineblut Schweineblut Schweineblut
Schweineblut Schweineblut Schweineblut
Schweineblut Schweineblut Schweineblut
Schweineblut Schweineblut Schweineblut
Schweineblut Schweineblut Schweineblut
Schweineblut Schweineblut Schweineblut
Schweineblut Schweineblut Schweineblut
Schweineblut Schweineblut Schweineblut
Schweineblut Schweineblut Schweineblut
Schweineblut Schweineblut Schweineblut
Schweineblut Schweineblut Schweineblut
Schweineblut Schweineblut Schweineblut
Schweineblut Schweineblut Schweineblut
Schweineblut Schweineblut Schweineblut
Schweineblut Schweineblut Schweineblut
Schweineblut Schweineblut Schweineblut
Schweineblut Schweineblut Schweineblut
Schweineblut Schweineblut Schweineblut
Schweineblut Schweineblut Schweineblut
Schweineblut Schweineblut Schweineblut
Schweineblut Schweineblut Schweineblut
Schweineblut Schweineblut Schweineblut
Schweineblut Schweineblut Schweineblut
Schweineblut Schweineblut Schweineblut
Schweineblut Schweineblut Schweineblut
Schweineblut Schweineblut Schweineblut
Schweineblut Schweineblut Schweineblut
Schweineblut Schweineblut Schweineblut
Schweineblut Schweineblut Schweineblut
Schweineblut Schweineblut Schweineblut
Schweineblut Schweineblut Schweineblut
Schweineblut Schweineblut Schweineblut
Schweineblut Schweineblut Schweineblut
Schweineblut Schweineblut Schweineblut
Schweineblut Schweineblut Schweineblut

Schweineblut Schweineblut Schweineblut
Schweineblut Schweineblut Schweineblut
Schweineblut Schweineblut Schweineblut
Schweineblut Schweineblut Schweineblut
Schweineblut Schweineblut Schweineblut
Schweineblut Schweineblut Schweineblut
Schweineblut Schweineblut Schweineblut
Schweineblut Schweineblut Schweineblut
Schweineblut Schweineblut Schweineblut
Schweineblut Schweineblut Schweineblut
Schweineblut Schweineblut Schweineblut
Schweineblut Schweineblut Schweineblut
Schweineblut Schweineblut Schweineblut
Schweineblut Schweineblut Schweineblut
Schweineblut Schweineblut Schweineblut
Schweineblut Schweineblut Schweineblut
Schweineblut Schweineblut Schweineblut
Schweineblut Schweineblut Schweineblut
Schweineblut Schweineblut Schweineblut
Schweineblut Schweineblut Schweineblut
Schweineblut Schweineblut Schweineblut
Schweineblut Schweineblut Schweineblut
Schweineblut Schweineblut Schweineblut
Schweineblut Schweineblut Schweineblut
Schweineblut Schweineblut Schweineblut
Schweineblut Schweineblut Schweineblut
Schweineblut Schweineblut Schweineblut
Schweineblut Schweineblut Schweineblut
Schweineblut Schweineblut Schweineblut
Schweineblut Schweineblut Schweineblut
Schweineblut Schweineblut Schweineblut
Schweineblut Schweineblut Schweineblut
Schweineblut Schweineblut Schweineblut
Schweineblut Schweineblut Schweineblut
Schweineblut Schweineblut Schweineblut
Schweineblut Schweineblut Schweineblut
Schweineblut Schweineblut Schweineblut
Schweineblut Schweineblut Schweineblut

Schweineblut Schweineblut Schweineblut
Schweineblut Schweineblut Schweineblut
Schweineblut Schweineblut Schweineblut
Schweineblut Schweineblut Schweineblut
Schweineblut Schweineblut Schweineblut
Schweineblut Schweineblut Schweineblut
Schweineblut Schweineblut Schweineblut
Schweineblut Schweineblut Schweineblut
Schweineblut Schweineblut Schweineblut
Schweineblut Schweineblut Schweineblut
Schweineblut Schweineblut Schweineblut
Schweineblut Schweineblut Schweineblut
Schweineblut Schweineblut Schweineblut
Schweineblut Schweineblut Schweineblut
Schweineblut Schweineblut Schweineblut
Schweineblut Schweineblut Schweineblut
Schweineblut Schweineblut Schweineblut
Schweineblut Schweineblut Schweineblut
Schweineblut Schweineblut Schweineblut
Schweineblut Schweineblut Schweineblut
Schweineblut Schweineblut Schweineblut
Schweineblut Schweineblut Schweineblut
Schweineblut Schweineblut Schweineblut
Schweineblut Schweineblut Schweineblut
Schweineblut Schweineblut Schweineblut
Schweineblut Schweineblut Schweineblut
Schweineblut Schweineblut Schweineblut
Schweineblut Schweineblut Schweineblut
Schweineblut Schweineblut Schweineblut
Schweineblut Schweineblut Schweineblut
Schweineblut Schweineblut Schweineblut
Schweineblut Schweineblut Schweineblut
Schweineblut Schweineblut Schweineblut
Schweineblut Schweineblut Schweineblut
Schweineblut Schweineblut Schweineblut
Schweineblut Schweineblut Schweineblut
Schweineblut Schweineblut Schweineblut
Schweineblut Schweineblut Schweineblut
Schweineblut Schweineblut Schweineblut

Schweineblut Schweineblut Schweineblut
Schweineblut Schweineblut Schweineblut
Schweineblut Schweineblut Schweineblut
Schweineblut Schweineblut Schweineblut
Schweineblut Schweineblut Schweineblut
Schweineblut Schweineblut Schweineblut
Schweineblut Schweineblut Schweineblut
Schweineblut Schweineblut Schweineblut
Schweineblut Schweineblut Schweineblut
Schweineblut Schweineblut Schweineblut
Schweineblut Schweineblut Schweineblut
Schweineblut Schweineblut Schweineblut
Schweineblut Schweineblut Schweineblut
Schweineblut Schweineblut Schweineblut
Schweineblut Schweineblut Schweineblut
Schweineblut Schweineblut Schweineblut
Schweineblut Schweineblut Schweineblut
Schweineblut Schweineblut Schweineblut
Schweineblut Schweineblut Schweineblut
Schweineblut Schweineblut Schweineblut
Schweineblut Schweineblut Schweineblut
Schweineblut Schweineblut Schweineblut
Schweineblut Schweineblut Schweineblut
Schweineblut Schweineblut Schweineblut
Schweineblut Schweineblut Schweineblut
Schweineblut Schweineblut Schweineblut
Schweineblut Schweineblut Schweineblut
Schweineblut Schweineblut Schweineblut
Schweineblut Schweineblut Schweineblut
Schweineblut Schweineblut Schweineblut
Schweineblut Schweineblut Schweineblut
Schweineblut Schweineblut Schweineblut
Schweineblut Schweineblut Schweineblut
Schweineblut Schweineblut Schweineblut
Schweineblut Schweineblut Schweineblut
Schweineblut Schweineblut Schweineblut
Schweineblut Schweineblut Schweineblut
Schweineblut Schweineblut Schweineblut
Schweineblut Schweineblut Schweineblut

Schweineblut Schweineblut Schweineblut
Schweineblut Schweineblut Schweineblut
Schweineblut Schweineblut Schweineblut
Schweineblut Schweineblut Schweineblut
Schweineblut Schweineblut Schweineblut
Schweineblut Schweineblut Schweineblut
Schweineblut Schweineblut Schweineblut
Schweineblut Schweineblut Schweineblut
Schweineblut Schweineblut Schweineblut
Schweineblut Schweineblut Schweineblut
Schweineblut Schweineblut Schweineblut
Schweineblut Schweineblut Schweineblut
Schweineblut Schweineblut Schweineblut
Schweineblut Schweineblut Schweineblut
Schweineblut Schweineblut Schweineblut
Schweineblut Schweineblut Schweineblut
Schweineblut Schweineblut Schweineblut
Schweineblut Schweineblut Schweineblut
Schweineblut Schweineblut Schweineblut
Schweineblut Schweineblut Schweineblut
Schweineblut Schweineblut Schweineblut
Schweineblut Schweineblut Schweineblut
Schweineblut Schweineblut Schweineblut
Schweineblut Schweineblut Schweineblut
Schweineblut Schweineblut Schweineblut
Schweineblut Schweineblut Schweineblut
Schweineblut Schweineblut Schweineblut
Schweineblut Schweineblut Schweineblut
Schweineblut Schweineblut Schweineblut
Schweineblut Schweineblut Schweineblut
Schweineblut Schweineblut Schweineblut
Schweineblut Schweineblut Schweineblut
Schweineblut Schweineblut Schweineblut
Schweineblut Schweineblut Schweineblut
Schweineblut Schweineblut Schweineblut

Schweineblut Schweineblut Schweineblut
Schweineblut Schweineblut Schweineblut
Schweineblut Schweineblut Schweineblut
Schweineblut Schweineblut Schweineblut
Schweineblut Schweineblut Schweineblut
Schweineblut Schweineblut Schweineblut
Schweineblut Schweineblut Schweineblut
Schweineblut Schweineblut Schweineblut
Schweineblut Schweineblut Schweineblut
Schweineblut Schweineblut Schweineblut
Schweineblut Schweineblut Schweineblut
Schweineblut Schweineblut Schweineblut
Schweineblut Schweineblut Schweineblut
Schweineblut Schweineblut Schweineblut
Schweineblut Schweineblut Schweineblut
Schweineblut Schweineblut Schweineblut
Schweineblut Schweineblut Schweineblut
Schweineblut Schweineblut Schweineblut
Schweineblut Schweineblut Schweineblut
Schweineblut Schweineblut Schweineblut
Schweineblut Schweineblut Schweineblut
Schweineblut Schweineblut Schweineblut
Schweineblut Schweineblut Schweineblut
Schweineblut Schweineblut Schweineblut
Schweineblut Schweineblut Schweineblut
Schweineblut Schweineblut Schweineblut
Schweineblut Schweineblut Schweineblut
Schweineblut Schweineblut Schweineblut
Schweineblut Schweineblut Schweineblut
Schweineblut Schweineblut Schweineblut
Schweineblut Schweineblut Schweineblut
Schweineblut Schweineblut Schweineblut
Schweineblut Schweineblut Schweineblut
Schweineblut Schweineblut Schweineblut
Schweineblut Schweineblut Schweineblut
Schweineblut Schweineblut Schweineblut
Schweineblut Schweineblut Schweineblut

Schweineblut Schweineblut Schweineblut
Schweineblut Schweineblut Schweineblut
Schweineblut Schweineblut Schweineblut
Schweineblut Schweineblut Schweineblut
Schweineblut Schweineblut Schweineblut
Schweineblut Schweineblut Schweineblut
Schweineblut Schweineblut Schweineblut
Schweineblut Schweineblut Schweineblut
Schweineblut Schweineblut Schweineblut
Schweineblut Schweineblut Schweineblut
Schweineblut Schweineblut Schweineblut
Schweineblut Schweineblut Schweineblut
Schweineblut Schweineblut Schweineblut
Schweineblut Schweineblut Schweineblut
Schweineblut Schweineblut Schweineblut
Schweineblut Schweineblut Schweineblut
Schweineblut Schweineblut Schweineblut
Schweineblut Schweineblut Schweineblut
Schweineblut Schweineblut Schweineblut
Schweineblut Schweineblut Schweineblut
Schweineblut Schweineblut Schweineblut
Schweineblut Schweineblut Schweineblut
Schweineblut Schweineblut Schweineblut
Schweineblut Schweineblut Schweineblut
Schweineblut Schweineblut Schweineblut
Schweineblut Schweineblut Schweineblut
Schweineblut Schweineblut Schweineblut
Schweineblut Schweineblut Schweineblut
Schweineblut Schweineblut Schweineblut
Schweineblut Schweineblut Schweineblut
Schweineblut Schweineblut Schweineblut
Schweineblut Schweineblut Schweineblut
Schweineblut Schweineblut Schweineblut
Schweineblut Schweineblut Schweineblut
Schweineblut Schweineblut Schweineblut
Schweineblut Schweineblut Schweineblut
Schweineblut Schweineblut Schweineblut
Schweineblut Schweineblut Schweineblut

Schweineblut Schweineblut Schweineblut
Schweineblut Schweineblut Schweineblut
Schweineblut Schweineblut Schweineblut
Schweineblut Schweineblut Schweineblut
Schweineblut Schweineblut Schweineblut
Schweineblut Schweineblut Schweineblut
Schweineblut Schweineblut Schweineblut
Schweineblut Schweineblut Schweineblut
Schweineblut Schweineblut Schweineblut
Schweineblut Schweineblut Schweineblut
Schweineblut Schweineblut Schweineblut
Schweineblut Schweineblut Schweineblut
Schweineblut Schweineblut Schweineblut
Schweineblut Schweineblut Schweineblut
Schweineblut Schweineblut Schweineblut
Schweineblut Schweineblut Schweineblut
Schweineblut Schweineblut Schweineblut
Schweineblut Schweineblut Schweineblut
Schweineblut Schweineblut Schweineblut
Schweineblut Schweineblut Schweineblut
Schweineblut Schweineblut Schweineblut
Schweineblut Schweineblut Schweineblut
Schweineblut Schweineblut Schweineblut
Schweineblut Schweineblut Schweineblut
Schweineblut Schweineblut Schweineblut
Schweineblut Schweineblut Schweineblut
Schweineblut Schweineblut Schweineblut
Schweineblut Schweineblut Schweineblut
Schweineblut Schweineblut Schweineblut
Schweineblut Schweineblut Schweineblut
Schweineblut Schweineblut Schweineblut
Schweineblut Schweineblut Schweineblut
Schweineblut Schweineblut Schweineblut
Schweineblut Schweineblut Schweineblut
Schweineblut Schweineblut Schweineblut
Schweineblut Schweineblut Schweineblut

Schweineblut Schweineblut Schweineblut
Schweineblut Schweineblut Schweineblut
Schweineblut Schweineblut Schweineblut
Schweineblut Schweineblut Schweineblut
Schweineblut Schweineblut Schweineblut
Schweineblut Schweineblut Schweineblut
Schweineblut Schweineblut Schweineblut
Schweineblut Schweineblut Schweineblut
Schweineblut Schweineblut Schweineblut
Schweineblut Schweineblut Schweineblut
Schweineblut Schweineblut Schweineblut
Schweineblut Schweineblut Schweineblut
Schweineblut Schweineblut Schweineblut
Schweineblut Schweineblut Schweineblut
Schweineblut Schweineblut Schweineblut
Schweineblut Schweineblut Schweineblut
Schweineblut Schweineblut Schweineblut
Schweineblut Schweineblut Schweineblut
Schweineblut Schweineblut Schweineblut
Schweineblut Schweineblut Schweineblut
Schweineblut Schweineblut Schweineblut
Schweineblut Schweineblut Schweineblut
Schweineblut Schweineblut Schweineblut
Schweineblut Schweineblut Schweineblut
Schweineblut Schweineblut Schweineblut
Schweineblut Schweineblut Schweineblut
Schweineblut Schweineblut Schweineblut
Schweineblut Schweineblut Schweineblut
Schweineblut Schweineblut Schweineblut
Schweineblut Schweineblut Schweineblut
Schweineblut Schweineblut Schweineblut
Schweineblut Schweineblut Schweineblut
Schweineblut Schweineblut Schweineblut
Schweineblut Schweineblut Schweineblut
Schweineblut Schweineblut Schweineblut
Schweineblut Schweineblut Schweineblut
Schweineblut Schweineblut Schweineblut

Schweineblut Schweineblut Schweineblut
Schweineblut Schweineblut Schweineblut
Schweineblut Schweineblut Schweineblut
Schweineblut Schweineblut Schweineblut
Schweineblut Schweineblut Schweineblut
Schweineblut Schweineblut Schweineblut
Schweineblut Schweineblut Schweineblut
Schweineblut Schweineblut Schweineblut
Schweineblut Schweineblut Schweineblut
Schweineblut Schweineblut Schweineblut
Schweineblut Schweineblut Schweineblut
Schweineblut Schweineblut Schweineblut
Schweineblut Schweineblut Schweineblut
Schweineblut Schweineblut Schweineblut
Schweineblut Schweineblut Schweineblut
Schweineblut Schweineblut Schweineblut
Schweineblut Schweineblut Schweineblut
Schweineblut Schweineblut Schweineblut
Schweineblut Schweineblut Schweineblut
Schweineblut Schweineblut Schweineblut
Schweineblut Schweineblut Schweineblut
Schweineblut Schweineblut Schweineblut
Schweineblut Schweineblut Schweineblut
Schweineblut Schweineblut Schweineblut
Schweineblut Schweineblut Schweineblut
Schweineblut Schweineblut Schweineblut
Schweineblut Schweineblut Schweineblut
Schweineblut Schweineblut Schweineblut
Schweineblut Schweineblut Schweineblut
Schweineblut Schweineblut Schweineblut
Schweineblut Schweineblut Schweineblut
Schweineblut Schweineblut Schweineblut
Schweineblut Schweineblut Schweineblut
Schweineblut Schweineblut Schweineblut
Schweineblut Schweineblut Schweineblut
Schweineblut Schweineblut Schweineblut
Schweineblut Schweineblut Schweineblut

Schweineblut Schweineblut Schweineblut
Schweineblut Schweineblut Schweineblut
Schweineblut Schweineblut Schweineblut
Schweineblut Schweineblut Schweineblut
Schweineblut Schweineblut Schweineblut
Schweineblut Schweineblut Schweineblut
Schweineblut Schweineblut Schweineblut
Schweineblut Schweineblut Schweineblut
Schweineblut Schweineblut Schweineblut
Schweineblut Schweineblut Schweineblut
Schweineblut Schweineblut Schweineblut
Schweineblut Schweineblut Schweineblut
Schweineblut Schweineblut Schweineblut
Schweineblut Schweineblut Schweineblut
Schweineblut Schweineblut Schweineblut
Schweineblut Schweineblut Schweineblut
Schweineblut Schweineblut Schweineblut
Schweineblut Schweineblut Schweineblut
Schweineblut Schweineblut Schweineblut
Schweineblut Schweineblut Schweineblut
Schweineblut Schweineblut Schweineblut
Schweineblut Schweineblut Schweineblut
Schweineblut Schweineblut Schweineblut
Schweineblut Schweineblut Schweineblut
Schweineblut Schweineblut Schweineblut
Schweineblut Schweineblut Schweineblut
Schweineblut Schweineblut Schweineblut
Schweineblut Schweineblut Schweineblut
Schweineblut Schweineblut Schweineblut
Schweineblut Schweineblut Schweineblut
Schweineblut Schweineblut Schweineblut
Schweineblut Schweineblut Schweineblut
Schweineblut Schweineblut Schweineblut
Schweineblut Schweineblut Schweineblut
Schweineblut Schweineblut Schweineblut
Schweineblut Schweineblut Schweineblut
Schweineblut Schweineblut Schweineblut
Schweineblut Schweineblut Schweineblut

Schweineblut Schweineblut Schweineblut
Schweineblut Schweineblut Schweineblut
Schweineblut Schweineblut Schweineblut
Schweineblut Schweineblut Schweineblut
Schweineblut Schweineblut Schweineblut
Schweineblut Schweineblut Schweineblut
Schweineblut Schweineblut Schweineblut
Schweineblut Schweineblut Schweineblut
Schweineblut Schweineblut Schweineblut
Schweineblut Schweineblut Schweineblut
Schweineblut Schweineblut Schweineblut
Schweineblut Schweineblut Schweineblut
Schweineblut Schweineblut Schweineblut
Schweineblut Schweineblut Schweineblut
Schweineblut Schweineblut Schweineblut
Schweineblut Schweineblut Schweineblut
Schweineblut Schweineblut Schweineblut
Schweineblut Schweineblut Schweineblut
Schweineblut Schweineblut Schweineblut
Schweineblut Schweineblut Schweineblut
Schweineblut Schweineblut Schweineblut
Schweineblut Schweineblut Schweineblut
Schweineblut Schweineblut Schweineblut
Schweineblut Schweineblut Schweineblut
Schweineblut Schweineblut Schweineblut
Schweineblut Schweineblut Schweineblut
Schweineblut Schweineblut Schweineblut
Schweineblut Schweineblut Schweineblut
Schweineblut Schweineblut Schweineblut
Schweineblut Schweineblut Schweineblut
Schweineblut Schweineblut Schweineblut
Schweineblut Schweineblut Schweineblut
Schweineblut Schweineblut Schweineblut
Schweineblut Schweineblut Schweineblut
Schweineblut Schweineblut Schweineblut
Schweineblut Schweineblut Schweineblut
Schweineblut Schweineblut Schweineblut
Schweineblut Schweineblut Schweineblut

Schweineblut Schweineblut Schweineblut
Schweineblut Schweineblut Schweineblut
Schweineblut Schweineblut Schweineblut
Schweineblut Schweineblut Schweineblut
Schweineblut Schweineblut Schweineblut
Schweineblut Schweineblut Schweineblut
Schweineblut Schweineblut Schweineblut
Schweineblut Schweineblut Schweineblut
Schweineblut Schweineblut Schweineblut
Schweineblut Schweineblut Schweineblut
Schweineblut Schweineblut Schweineblut
Schweineblut Schweineblut Schweineblut
Schweineblut Schweineblut Schweineblut
Schweineblut Schweineblut Schweineblut
Schweineblut Schweineblut Schweineblut
Schweineblut Schweineblut Schweineblut
Schweineblut Schweineblut Schweineblut
Schweineblut Schweineblut Schweineblut
Schweineblut Schweineblut Schweineblut
Schweineblut Schweineblut Schweineblut
Schweineblut Schweineblut Schweineblut
Schweineblut Schweineblut Schweineblut
Schweineblut Schweineblut Schweineblut
Schweineblut Schweineblut Schweineblut
Schweineblut Schweineblut Schweineblut
Schweineblut Schweineblut Schweineblut
Schweineblut Schweineblut Schweineblut
Schweineblut Schweineblut Schweineblut
Schweineblut Schweineblut Schweineblut
Schweineblut Schweineblut Schweineblut
Schweineblut Schweineblut Schweineblut
Schweineblut Schweineblut Schweineblut
Schweineblut Schweineblut Schweineblut
Schweineblut Schweineblut Schweineblut
Schweineblut Schweineblut Schweineblut
Schweineblut Schweineblut Schweineblut
Schweineblut Schweineblut Schweineblut
Schweineblut Schweineblut Schweineblut

Schweineblut Schweineblut Schweineblut
Schweineblut Schweineblut Schweineblut
Schweineblut Schweineblut Schweineblut
Schweineblut Schweineblut Schweineblut
Schweineblut Schweineblut Schweineblut
Schweineblut Schweineblut Schweineblut
Schweineblut Schweineblut Schweineblut
Schweineblut Schweineblut Schweineblut
Schweineblut Schweineblut Schweineblut
Schweineblut Schweineblut Schweineblut
Schweineblut Schweineblut Schweineblut
Schweineblut Schweineblut Schweineblut
Schweineblut Schweineblut Schweineblut
Schweineblut Schweineblut Schweineblut
Schweineblut Schweineblut Schweineblut
Schweineblut Schweineblut Schweineblut
Schweineblut Schweineblut Schweineblut
Schweineblut Schweineblut Schweineblut
Schweineblut Schweineblut Schweineblut
Schweineblut Schweineblut Schweineblut
Schweineblut Schweineblut Schweineblut
Schweineblut Schweineblut Schweineblut
Schweineblut Schweineblut Schweineblut
Schweineblut Schweineblut Schweineblut
Schweineblut Schweineblut Schweineblut
Schweineblut Schweineblut Schweineblut
Schweineblut Schweineblut Schweineblut
Schweineblut Schweineblut Schweineblut
Schweineblut Schweineblut Schweineblut
Schweineblut Schweineblut Schweineblut
Schweineblut Schweineblut Schweineblut
Schweineblut Schweineblut Schweineblut
Schweineblut Schweineblut Schweineblut
Schweineblut Schweineblut Schweineblut
Schweineblut Schweineblut Schweineblut
Schweineblut Schweineblut Schweineblut
Schweineblut Schweineblut Schweineblut
Schweineblut Schweineblut Schweineblut
Schweineblut Schweineblut Schweineblut

Schweineblut Schweineblut Schweineblut
Schweineblut Schweineblut Schweineblut
Schweineblut Schweineblut Schweineblut
Schweineblut Schweineblut Schweineblut
Schweineblut Schweineblut Schweineblut
Schweineblut Schweineblut Schweineblut
Schweineblut Schweineblut Schweineblut
Schweineblut Schweineblut Schweineblut
Schweineblut Schweineblut Schweineblut
Schweineblut Schweineblut Schweineblut
Schweineblut Schweineblut Schweineblut
Schweineblut Schweineblut Schweineblut
Schweineblut Schweineblut Schweineblut
Schweineblut Schweineblut Schweineblut
Schweineblut Schweineblut Schweineblut
Schweineblut Schweineblut Schweineblut
Schweineblut Schweineblut Schweineblut
Schweineblut Schweineblut Schweineblut
Schweineblut Schweineblut Schweineblut
Schweineblut Schweineblut Schweineblut
Schweineblut Schweineblut Schweineblut
Schweineblut Schweineblut Schweineblut
Schweineblut Schweineblut Schweineblut
Schweineblut Schweineblut Schweineblut
Schweineblut Schweineblut Schweineblut
Schweineblut Schweineblut Schweineblut
Schweineblut Schweineblut Schweineblut
Schweineblut Schweineblut Schweineblut
Schweineblut Schweineblut Schweineblut
Schweineblut Schweineblut Schweineblut
Schweineblut Schweineblut Schweineblut
Schweineblut Schweineblut Schweineblut
Schweineblut Schweineblut Schweineblut
Schweineblut Schweineblut Schweineblut
Schweineblut Schweineblut Schweineblut
Schweineblut Schweineblut Schweineblut
Schweineblut Schweineblut Schweineblut

Schweineblut Schweineblut Schweineblut
Schweineblut Schweineblut Schweineblut
Schweineblut Schweineblut Schweineblut
Schweineblut Schweineblut Schweineblut
Schweineblut Schweineblut Schweineblut
Schweineblut Schweineblut Schweineblut
Schweineblut Schweineblut Schweineblut
Schweineblut Schweineblut Schweineblut
Schweineblut Schweineblut Schweineblut
Schweineblut Schweineblut Schweineblut
Schweineblut Schweineblut Schweineblut
Schweineblut Schweineblut Schweineblut
Schweineblut Schweineblut Schweineblut
Schweineblut Schweineblut Schweineblut
Schweineblut Schweineblut Schweineblut
Schweineblut Schweineblut Schweineblut
Schweineblut Schweineblut Schweineblut
Schweineblut Schweineblut Schweineblut
Schweineblut Schweineblut Schweineblut
Schweineblut Schweineblut Schweineblut
Schweineblut Schweineblut Schweineblut
Schweineblut Schweineblut Schweineblut
Schweineblut Schweineblut Schweineblut
Schweineblut Schweineblut Schweineblut
Schweineblut Schweineblut Schweineblut
Schweineblut Schweineblut Schweineblut
Schweineblut Schweineblut Schweineblut
Schweineblut Schweineblut Schweineblut
Schweineblut Schweineblut Schweineblut
Schweineblut Schweineblut Schweineblut
Schweineblut Schweineblut Schweineblut
Schweineblut Schweineblut Schweineblut
Schweineblut Schweineblut Schweineblut
Schweineblut Schweineblut Schweineblut
Schweineblut Schweineblut Schweineblut
Schweineblut Schweineblut Schweineblut

Schweineblut Schweineblut Schweineblut
Schweineblut Schweineblut Schweineblut
Schweineblut Schweineblut Schweineblut
Schweineblut Schweineblut Schweineblut
Schweineblut Schweineblut Schweineblut
Schweineblut Schweineblut Schweineblut
Schweineblut Schweineblut Schweineblut
Schweineblut Schweineblut Schweineblut
Schweineblut Schweineblut Schweineblut
Schweineblut Schweineblut Schweineblut
Schweineblut Schweineblut Schweineblut
Schweineblut Schweineblut Schweineblut
Schweineblut Schweineblut Schweineblut
Schweineblut Schweineblut Schweineblut
Schweineblut Schweineblut Schweineblut
Schweineblut Schweineblut Schweineblut
Schweineblut Schweineblut Schweineblut
Schweineblut Schweineblut Schweineblut
Schweineblut Schweineblut Schweineblut
Schweineblut Schweineblut Schweineblut
Schweineblut Schweineblut Schweineblut
Schweineblut Schweineblut Schweineblut
Schweineblut Schweineblut Schweineblut
Schweineblut Schweineblut Schweineblut
Schweineblut Schweineblut Schweineblut
Schweineblut Schweineblut Schweineblut
Schweineblut Schweineblut Schweineblut
Schweineblut Schweineblut Schweineblut
Schweineblut Schweineblut Schweineblut
Schweineblut Schweineblut Schweineblut
Schweineblut Schweineblut Schweineblut
Schweineblut Schweineblut Schweineblut
Schweineblut Schweineblut Schweineblut
Schweineblut Schweineblut Schweineblut
Schweineblut Schweineblut Schweineblut
Schweineblut Schweineblut Schweineblut
Schweineblut Schweineblut Schweineblut

Schweineblut Schweineblut Schweineblut
Schweineblut Schweineblut Schweineblut
Schweineblut Schweineblut Schweineblut
Schweineblut Schweineblut Schweineblut
Schweineblut Schweineblut Schweineblut
Schweineblut Schweineblut Schweineblut
Schweineblut Schweineblut Schweineblut
Schweineblut Schweineblut Schweineblut
Schweineblut Schweineblut Schweineblut
Schweineblut Schweineblut Schweineblut
Schweineblut Schweineblut Schweineblut
Schweineblut Schweineblut Schweineblut
Schweineblut Schweineblut Schweineblut
Schweineblut Schweineblut Schweineblut
Schweineblut Schweineblut Schweineblut
Schweineblut Schweineblut Schweineblut
Schweineblut Schweineblut Schweineblut
Schweineblut Schweineblut Schweineblut
Schweineblut Schweineblut Schweineblut
Schweineblut Schweineblut Schweineblut
Schweineblut Schweineblut Schweineblut
Schweineblut Schweineblut Schweineblut
Schweineblut Schweineblut Schweineblut
Schweineblut Schweineblut Schweineblut
Schweineblut Schweineblut Schweineblut
Schweineblut Schweineblut Schweineblut
Schweineblut Schweineblut Schweineblut
Schweineblut Schweineblut Schweineblut
Schweineblut Schweineblut Schweineblut
Schweineblut Schweineblut Schweineblut
Schweineblut Schweineblut Schweineblut
Schweineblut Schweineblut Schweineblut
Schweineblut Schweineblut Schweineblut
Schweineblut Schweineblut Schweineblut
Schweineblut Schweineblut Schweineblut
Schweineblut Schweineblut Schweineblut
Schweineblut Schweineblut Schweineblut

Schweineblut Schweineblut Schweineblut
Schweineblut Schweineblut Schweineblut
Schweineblut Schweineblut Schweineblut
Schweineblut Schweineblut Schweineblut
Schweineblut Schweineblut Schweineblut
Schweineblut Schweineblut Schweineblut
Schweineblut Schweineblut Schweineblut
Schweineblut Schweineblut Schweineblut
Schweineblut Schweineblut Schweineblut
Schweineblut Schweineblut Schweineblut
Schweineblut Schweineblut Schweineblut
Schweineblut Schweineblut Schweineblut
Schweineblut Schweineblut Schweineblut
Schweineblut Schweineblut Schweineblut
Schweineblut Schweineblut Schweineblut
Schweineblut Schweineblut Schweineblut
Schweineblut Schweineblut Schweineblut
Schweineblut Schweineblut Schweineblut
Schweineblut Schweineblut Schweineblut
Schweineblut Schweineblut Schweineblut
Schweineblut Schweineblut Schweineblut
Schweineblut Schweineblut Schweineblut
Schweineblut Schweineblut Schweineblut
Schweineblut Schweineblut Schweineblut
Schweineblut Schweineblut Schweineblut
Schweineblut Schweineblut Schweineblut
Schweineblut Schweineblut Schweineblut
Schweineblut Schweineblut Schweineblut
Schweineblut Schweineblut Schweineblut
Schweineblut Schweineblut Schweineblut
Schweineblut Schweineblut Schweineblut
Schweineblut Schweineblut Schweineblut
Schweineblut Schweineblut Schweineblut
Schweineblut Schweineblut Schweineblut
Schweineblut Schweineblut Schweineblut
Schweineblut Schweineblut Schweineblut
Schweineblut Schweineblut Schweineblut
Schweineblut Schweineblut Schweineblut

Schweineblut Schweineblut Schweineblut
Schweineblut Schweineblut Schweineblut
Schweineblut Schweineblut Schweineblut
Schweineblut Schweineblut Schweineblut
Schweineblut Schweineblut Schweineblut
Schweineblut Schweineblut Schweineblut
Schweineblut Schweineblut Schweineblut
Schweineblut Schweineblut Schweineblut
Schweineblut Schweineblut Schweineblut
Schweineblut Schweineblut Schweineblut
Schweineblut Schweineblut Schweineblut
Schweineblut Schweineblut Schweineblut
Schweineblut Schweineblut Schweineblut
Schweineblut Schweineblut Schweineblut
Schweineblut Schweineblut Schweineblut
Schweineblut Schweineblut Schweineblut
Schweineblut Schweineblut Schweineblut
Schweineblut Schweineblut Schweineblut
Schweineblut Schweineblut Schweineblut
Schweineblut Schweineblut Schweineblut
Schweineblut Schweineblut Schweineblut
Schweineblut Schweineblut Schweineblut
Schweineblut Schweineblut Schweineblut
Schweineblut Schweineblut Schweineblut
Schweineblut Schweineblut Schweineblut
Schweineblut Schweineblut Schweineblut
Schweineblut Schweineblut Schweineblut
Schweineblut Schweineblut Schweineblut
Schweineblut Schweineblut Schweineblut
Schweineblut Schweineblut Schweineblut
Schweineblut Schweineblut Schweineblut
Schweineblut Schweineblut Schweineblut
Schweineblut Schweineblut Schweineblut
Schweineblut Schweineblut Schweineblut
Schweineblut Schweineblut Schweineblut
Schweineblut Schweineblut Schweineblut
Schweineblut Schweineblut Schweineblut
Schweineblut Schweineblut Schweineblut
Schweineblut Schweineblut Schweineblut

Schweineblut Schweineblut Schweineblut
Schweineblut Schweineblut Schweineblut
Schweineblut Schweineblut Schweineblut
Schweineblut Schweineblut Schweineblut
Schweineblut Schweineblut Schweineblut
Schweineblut Schweineblut Schweineblut
Schweineblut Schweineblut Schweineblut
Schweineblut Schweineblut Schweineblut
Schweineblut Schweineblut Schweineblut
Schweineblut Schweineblut Schweineblut
Schweineblut Schweineblut Schweineblut
Schweineblut Schweineblut Schweineblut
Schweineblut Schweineblut Schweineblut
Schweineblut Schweineblut Schweineblut
Schweineblut Schweineblut Schweineblut
Schweineblut Schweineblut Schweineblut
Schweineblut Schweineblut Schweineblut
Schweineblut Schweineblut Schweineblut
Schweineblut Schweineblut Schweineblut
Schweineblut Schweineblut Schweineblut
Schweineblut Schweineblut Schweineblut
Schweineblut Schweineblut Schweineblut
Schweineblut Schweineblut Schweineblut
Schweineblut Schweineblut Schweineblut
Schweineblut Schweineblut Schweineblut
Schweineblut Schweineblut Schweineblut
Schweineblut Schweineblut Schweineblut
Schweineblut Schweineblut Schweineblut
Schweineblut Schweineblut Schweineblut
Schweineblut Schweineblut Schweineblut
Schweineblut Schweineblut Schweineblut
Schweineblut Schweineblut Schweineblut
Schweineblut Schweineblut Schweineblut
Schweineblut Schweineblut Schweineblut
Schweineblut Schweineblut Schweineblut
Schweineblut Schweineblut Schweineblut

Schweineblut Schweineblut Schweineblut
Schweineblut Schweineblut Schweineblut
Schweineblut Schweineblut Schweineblut
Schweineblut Schweineblut Schweineblut
Schweineblut Schweineblut Schweineblut
Schweineblut Schweineblut Schweineblut
Schweineblut Schweineblut Schweineblut
Schweineblut Schweineblut Schweineblut
Schweineblut Schweineblut Schweineblut
Schweineblut Schweineblut Schweineblut
Schweineblut Schweineblut Schweineblut
Schweineblut Schweineblut Schweineblut
Schweineblut Schweineblut Schweineblut
Schweineblut Schweineblut Schweineblut
Schweineblut Schweineblut Schweineblut
Schweineblut Schweineblut Schweineblut
Schweineblut Schweineblut Schweineblut
Schweineblut Schweineblut Schweineblut
Schweineblut Schweineblut Schweineblut
Schweineblut Schweineblut Schweineblut
Schweineblut Schweineblut Schweineblut
Schweineblut Schweineblut Schweineblut
Schweineblut Schweineblut Schweineblut
Schweineblut Schweineblut Schweineblut
Schweineblut Schweineblut Schweineblut
Schweineblut Schweineblut Schweineblut
Schweineblut Schweineblut Schweineblut
Schweineblut Schweineblut Schweineblut
Schweineblut Schweineblut Schweineblut
Schweineblut Schweineblut Schweineblut
Schweineblut Schweineblut Schweineblut
Schweineblut Schweineblut Schweineblut
Schweineblut Schweineblut Schweineblut
Schweineblut Schweineblut Schweineblut
Schweineblut Schweineblut Schweineblut
Schweineblut Schweineblut Schweineblut
Schweineblut Schweineblut Schweineblut
Schweineblut Schweineblut Schweineblut
Schweineblut Schweineblut Schweineblut

Schweineblut Schweineblut Schweineblut
Schweineblut Schweineblut Schweineblut
Schweineblut Schweineblut Schweineblut
Schweineblut Schweineblut Schweineblut
Schweineblut Schweineblut Schweineblut
Schweineblut Schweineblut Schweineblut
Schweineblut Schweineblut Schweineblut
Schweineblut Schweineblut Schweineblut
Schweineblut Schweineblut Schweineblut
Schweineblut Schweineblut Schweineblut
Schweineblut Schweineblut Schweineblut
Schweineblut Schweineblut Schweineblut
Schweineblut Schweineblut Schweineblut
Schweineblut Schweineblut Schweineblut
Schweineblut Schweineblut Schweineblut
Schweineblut Schweineblut Schweineblut
Schweineblut Schweineblut Schweineblut
Schweineblut Schweineblut Schweineblut
Schweineblut Schweineblut Schweineblut
Schweineblut Schweineblut Schweineblut
Schweineblut Schweineblut Schweineblut
Schweineblut Schweineblut Schweineblut
Schweineblut Schweineblut Schweineblut
Schweineblut Schweineblut Schweineblut
Schweineblut Schweineblut Schweineblut
Schweineblut Schweineblut Schweineblut
Schweineblut Schweineblut Schweineblut
Schweineblut Schweineblut Schweineblut
Schweineblut Schweineblut Schweineblut
Schweineblut Schweineblut Schweineblut
Schweineblut Schweineblut Schweineblut
Schweineblut Schweineblut Schweineblut
Schweineblut Schweineblut Schweineblut
Schweineblut Schweineblut Schweineblut
Schweineblut Schweineblut Schweineblut
Schweineblut Schweineblut Schweineblut

Schweineblut Schweineblut Schweineblut
Schweineblut Schweineblut Schweineblut
Schweineblut Schweineblut Schweineblut
Schweineblut Schweineblut Schweineblut
Schweineblut Schweineblut Schweineblut
Schweineblut Schweineblut Schweineblut
Schweineblut Schweineblut Schweineblut
Schweineblut Schweineblut Schweineblut
Schweineblut Schweineblut Schweineblut
Schweineblut Schweineblut Schweineblut
Schweineblut Schweineblut Schweineblut
Schweineblut Schweineblut Schweineblut
Schweineblut Schweineblut Schweineblut
Schweineblut Schweineblut Schweineblut
Schweineblut Schweineblut Schweineblut
Schweineblut Schweineblut Schweineblut
Schweineblut Schweineblut Schweineblut
Schweineblut Schweineblut Schweineblut
Schweineblut Schweineblut Schweineblut
Schweineblut Schweineblut Schweineblut
Schweineblut Schweineblut Schweineblut
Schweineblut Schweineblut Schweineblut
Schweineblut Schweineblut Schweineblut
Schweineblut Schweineblut Schweineblut
Schweineblut Schweineblut Schweineblut
Schweineblut Schweineblut Schweineblut
Schweineblut Schweineblut Schweineblut
Schweineblut Schweineblut Schweineblut
Schweineblut Schweineblut Schweineblut
Schweineblut Schweineblut Schweineblut
Schweineblut Schweineblut Schweineblut
Schweineblut Schweineblut Schweineblut
Schweineblut Schweineblut Schweineblut
Schweineblut Schweineblut Schweineblut
Schweineblut Schweineblut Schweineblut
Schweineblut Schweineblut Schweineblut
Schweineblut Schweineblut Schweineblut
Schweineblut Schweineblut Schweineblut

Schweineblut Schweineblut Schweineblut
Schweineblut Schweineblut Schweineblut
Schweineblut Schweineblut Schweineblut
Schweineblut Schweineblut Schweineblut
Schweineblut Schweineblut Schweineblut
Schweineblut Schweineblut Schweineblut
Schweineblut Schweineblut Schweineblut
Schweineblut Schweineblut Schweineblut
Schweineblut Schweineblut Schweineblut
Schweineblut Schweineblut Schweineblut
Schweineblut Schweineblut Schweineblut
Schweineblut Schweineblut Schweineblut
Schweineblut Schweineblut Schweineblut
Schweineblut Schweineblut Schweineblut
Schweineblut Schweineblut Schweineblut
Schweineblut Schweineblut Schweineblut
Schweineblut Schweineblut Schweineblut
Schweineblut Schweineblut Schweineblut
Schweineblut Schweineblut Schweineblut
Schweineblut Schweineblut Schweineblut
Schweineblut Schweineblut Schweineblut
Schweineblut Schweineblut Schweineblut
Schweineblut Schweineblut Schweineblut
Schweineblut Schweineblut Schweineblut
Schweineblut Schweineblut Schweineblut
Schweineblut Schweineblut Schweineblut
Schweineblut Schweineblut Schweineblut
Schweineblut Schweineblut Schweineblut
Schweineblut Schweineblut Schweineblut
Schweineblut Schweineblut Schweineblut
Schweineblut Schweineblut Schweineblut
Schweineblut Schweineblut Schweineblut
Schweineblut Schweineblut Schweineblut
Schweineblut Schweineblut Schweineblut
Schweineblut Schweineblut Schweineblut
Schweineblut Schweineblut Schweineblut
Schweineblut Schweineblut Schweineblut

Schweineblut Schweineblut Schweineblut
Schweineblut Schweineblut Schweineblut
Schweineblut Schweineblut Schweineblut
Schweineblut Schweineblut Schweineblut
Schweineblut Schweineblut Schweineblut
Schweineblut Schweineblut Schweineblut
Schweineblut Schweineblut Schweineblut
Schweineblut Schweineblut Schweineblut
Schweineblut Schweineblut Schweineblut
Schweineblut Schweineblut Schweineblut
Schweineblut Schweineblut Schweineblut
Schweineblut Schweineblut Schweineblut
Schweineblut Schweineblut Schweineblut
Schweineblut Schweineblut Schweineblut
Schweineblut Schweineblut Schweineblut
Schweineblut Schweineblut Schweineblut
Schweineblut Schweineblut Schweineblut
Schweineblut Schweineblut Schweineblut
Schweineblut Schweineblut Schweineblut
Schweineblut Schweineblut Schweineblut
Schweineblut Schweineblut Schweineblut
Schweineblut Schweineblut Schweineblut
Schweineblut Schweineblut Schweineblut
Schweineblut Schweineblut Schweineblut
Schweineblut Schweineblut Schweineblut
Schweineblut Schweineblut Schweineblut
Schweineblut Schweineblut Schweineblut
Schweineblut Schweineblut Schweineblut
Schweineblut Schweineblut Schweineblut
Schweineblut Schweineblut Schweineblut
Schweineblut Schweineblut Schweineblut
Schweineblut Schweineblut Schweineblut
Schweineblut Schweineblut Schweineblut
Schweineblut Schweineblut Schweineblut
Schweineblut Schweineblut Schweineblut
Schweineblut Schweineblut Schweineblut
Schweineblut Schweineblut Schweineblut
Schweineblut Schweineblut Schweineblut
Schweineblut Schweineblut Schweineblut

Schweineblut Schweineblut Schweineblut
Schweineblut Schweineblut Schweineblut
Schweineblut Schweineblut Schweineblut
Schweineblut Schweineblut Schweineblut
Schweineblut Schweineblut Schweineblut
Schweineblut Schweineblut Schweineblut
Schweineblut Schweineblut Schweineblut
Schweineblut Schweineblut Schweineblut
Schweineblut Schweineblut Schweineblut
Schweineblut Schweineblut Schweineblut
Schweineblut Schweineblut Schweineblut
Schweineblut Schweineblut Schweineblut
Schweineblut Schweineblut Schweineblut
Schweineblut Schweineblut Schweineblut
Schweineblut Schweineblut Schweineblut
Schweineblut Schweineblut Schweineblut
Schweineblut Schweineblut Schweineblut
Schweineblut Schweineblut Schweineblut
Schweineblut Schweineblut Schweineblut
Schweineblut Schweineblut Schweineblut
Schweineblut Schweineblut Schweineblut
Schweineblut Schweineblut Schweineblut
Schweineblut Schweineblut Schweineblut
Schweineblut Schweineblut Schweineblut
Schweineblut Schweineblut Schweineblut
Schweineblut Schweineblut Schweineblut
Schweineblut Schweineblut Schweineblut
Schweineblut Schweineblut Schweineblut
Schweineblut Schweineblut Schweineblut
Schweineblut Schweineblut Schweineblut
Schweineblut Schweineblut Schweineblut
Schweineblut Schweineblut Schweineblut
Schweineblut Schweineblut Schweineblut
Schweineblut Schweineblut Schweineblut
Schweineblut Schweineblut Schweineblut
Schweineblut Schweineblut Schweineblut
Schweineblut Schweineblut Schweineblut

Schweineblut Schweineblut Schweineblut
Schweineblut Schweineblut Schweineblut
Schweineblut Schweineblut Schweineblut
Schweineblut Schweineblut Schweineblut
Schweineblut Schweineblut Schweineblut
Schweineblut Schweineblut Schweineblut
Schweineblut Schweineblut Schweineblut
Schweineblut Schweineblut Schweineblut
Schweineblut Schweineblut Schweineblut
Schweineblut Schweineblut Schweineblut
Schweineblut Schweineblut Schweineblut
Schweineblut Schweineblut Schweineblut
Schweineblut Schweineblut Schweineblut
Schweineblut Schweineblut Schweineblut
Schweineblut Schweineblut Schweineblut
Schweineblut Schweineblut Schweineblut
Schweineblut Schweineblut Schweineblut
Schweineblut Schweineblut Schweineblut
Schweineblut Schweineblut Schweineblut
Schweineblut Schweineblut Schweineblut
Schweineblut Schweineblut Schweineblut
Schweineblut Schweineblut Schweineblut
Schweineblut Schweineblut Schweineblut
Schweineblut Schweineblut Schweineblut
Schweineblut Schweineblut Schweineblut
Schweineblut Schweineblut Schweineblut
Schweineblut Schweineblut Schweineblut
Schweineblut Schweineblut Schweineblut
Schweineblut Schweineblut Schweineblut
Schweineblut Schweineblut Schweineblut
Schweineblut Schweineblut Schweineblut
Schweineblut Schweineblut Schweineblut
Schweineblut Schweineblut Schweineblut
Schweineblut Schweineblut Schweineblut
Schweineblut Schweineblut Schweineblut
Schweineblut Schweineblut Schweineblut
Schweineblut Schweineblut Schweineblut

Schweineblut Schweineblut Schweineblut
Schweineblut Schweineblut Schweineblut
Schweineblut Schweineblut Schweineblut
Schweineblut Schweineblut Schweineblut
Schweineblut Schweineblut Schweineblut
Schweineblut Schweineblut Schweineblut
Schweineblut Schweineblut Schweineblut
Schweineblut Schweineblut Schweineblut
Schweineblut Schweineblut Schweineblut
Schweineblut Schweineblut Schweineblut
Schweineblut Schweineblut Schweineblut
Schweineblut Schweineblut Schweineblut
Schweineblut Schweineblut Schweineblut
Schweineblut Schweineblut Schweineblut
Schweineblut Schweineblut Schweineblut
Schweineblut Schweineblut Schweineblut
Schweineblut Schweineblut Schweineblut
Schweineblut Schweineblut Schweineblut
Schweineblut Schweineblut Schweineblut
Schweineblut Schweineblut Schweineblut
Schweineblut Schweineblut Schweineblut
Schweineblut Schweineblut Schweineblut
Schweineblut Schweineblut Schweineblut
Schweineblut Schweineblut Schweineblut
Schweineblut Schweineblut Schweineblut
Schweineblut Schweineblut Schweineblut
Schweineblut Schweineblut Schweineblut
Schweineblut Schweineblut Schweineblut
Schweineblut Schweineblut Schweineblut
Schweineblut Schweineblut Schweineblut
Schweineblut Schweineblut Schweineblut
Schweineblut Schweineblut Schweineblut
Schweineblut Schweineblut Schweineblut
Schweineblut Schweineblut Schweineblut
Schweineblut Schweineblut Schweineblut
Schweineblut Schweineblut Schweineblut
Schweineblut Schweineblut Schweineblut

Schweineblut Schweineblut Schweineblut
Schweineblut Schweineblut Schweineblut
Schweineblut Schweineblut Schweineblut
Schweineblut Schweineblut Schweineblut
Schweineblut Schweineblut Schweineblut
Schweineblut Schweineblut Schweineblut
Schweineblut Schweineblut Schweineblut
Schweineblut Schweineblut Schweineblut
Schweineblut Schweineblut Schweineblut
Schweineblut Schweineblut Schweineblut
Schweineblut Schweineblut Schweineblut
Schweineblut Schweineblut Schweineblut
Schweineblut Schweineblut Schweineblut
Schweineblut Schweineblut Schweineblut
Schweineblut Schweineblut Schweineblut
Schweineblut Schweineblut Schweineblut
Schweineblut Schweineblut Schweineblut
Schweineblut Schweineblut Schweineblut
Schweineblut Schweineblut Schweineblut
Schweineblut Schweineblut Schweineblut
Schweineblut Schweineblut Schweineblut
Schweineblut Schweineblut Schweineblut
Schweineblut Schweineblut Schweineblut
Schweineblut Schweineblut Schweineblut
Schweineblut Schweineblut Schweineblut
Schweineblut Schweineblut Schweineblut
Schweineblut Schweineblut Schweineblut
Schweineblut Schweineblut Schweineblut
Schweineblut Schweineblut Schweineblut
Schweineblut Schweineblut Schweineblut
Schweineblut Schweineblut Schweineblut
Schweineblut Schweineblut Schweineblut
Schweineblut Schweineblut Schweineblut
Schweineblut Schweineblut Schweineblut
Schweineblut Schweineblut Schweineblut
Schweineblut Schweineblut Schweineblut
Schweineblut Schweineblut Schweineblut
Schweineblut Schweineblut Schweineblut

Schweineblut Schweineblut Schweineblut
Schweineblut Schweineblut Schweineblut
Schweineblut Schweineblut Schweineblut
Schweineblut Schweineblut Schweineblut
Schweineblut Schweineblut Schweineblut
Schweineblut Schweineblut Schweineblut
Schweineblut Schweineblut Schweineblut
Schweineblut Schweineblut Schweineblut
Schweineblut Schweineblut Schweineblut
Schweineblut Schweineblut Schweineblut
Schweineblut Schweineblut Schweineblut
Schweineblut Schweineblut Schweineblut
Schweineblut Schweineblut Schweineblut
Schweineblut Schweineblut Schweineblut
Schweineblut Schweineblut Schweineblut
Schweineblut Schweineblut Schweineblut
Schweineblut Schweineblut Schweineblut
Schweineblut Schweineblut Schweineblut
Schweineblut Schweineblut Schweineblut
Schweineblut Schweineblut Schweineblut
Schweineblut Schweineblut Schweineblut
Schweineblut Schweineblut Schweineblut
Schweineblut Schweineblut Schweineblut
Schweineblut Schweineblut Schweineblut
Schweineblut Schweineblut Schweineblut
Schweineblut Schweineblut Schweineblut
Schweineblut Schweineblut Schweineblut
Schweineblut Schweineblut Schweineblut
Schweineblut Schweineblut Schweineblut
Schweineblut Schweineblut Schweineblut
Schweineblut Schweineblut Schweineblut
Schweineblut Schweineblut Schweineblut
Schweineblut Schweineblut Schweineblut
Schweineblut Schweineblut Schweineblut
Schweineblut Schweineblut Schweineblut
Schweineblut Schweineblut Schweineblut
Schweineblut Schweineblut Schweineblut

Schweineblut Schweineblut Schweineblut
Schweineblut Schweineblut Schweineblut
Schweineblut Schweineblut Schweineblut
Schweineblut Schweineblut Schweineblut
Schweineblut Schweineblut Schweineblut
Schweineblut Schweineblut Schweineblut
Schweineblut Schweineblut Schweineblut
Schweineblut Schweineblut Schweineblut
Schweineblut Schweineblut Schweineblut
Schweineblut Schweineblut Schweineblut
Schweineblut Schweineblut Schweineblut
Schweineblut Schweineblut Schweineblut
Schweineblut Schweineblut Schweineblut
Schweineblut Schweineblut Schweineblut
Schweineblut Schweineblut Schweineblut
Schweineblut Schweineblut Schweineblut
Schweineblut Schweineblut Schweineblut
Schweineblut Schweineblut Schweineblut
Schweineblut Schweineblut Schweineblut
Schweineblut Schweineblut Schweineblut
Schweineblut Schweineblut Schweineblut
Schweineblut Schweineblut Schweineblut
Schweineblut Schweineblut Schweineblut
Schweineblut Schweineblut Schweineblut
Schweineblut Schweineblut Schweineblut
Schweineblut Schweineblut Schweineblut
Schweineblut Schweineblut Schweineblut
Schweineblut Schweineblut Schweineblut
Schweineblut Schweineblut Schweineblut
Schweineblut Schweineblut Schweineblut
Schweineblut Schweineblut Schweineblut
Schweineblut Schweineblut Schweineblut
Schweineblut Schweineblut Schweineblut
Schweineblut Schweineblut Schweineblut
Schweineblut Schweineblut Schweineblut
Schweineblut Schweineblut Schweineblut
Schweineblut Schweineblut Schweineblut
Schweineblut Schweineblut Schweineblut
Schweineblut Schweineblut Schweineblut

Schweineblut Schweineblut Schweineblut
Schweineblut Schweineblut Schweineblut
Schweineblut Schweineblut Schweineblut
Schweineblut Schweineblut Schweineblut
Schweineblut Schweineblut Schweineblut
Schweineblut Schweineblut Schweineblut
Schweineblut Schweineblut Schweineblut
Schweineblut Schweineblut Schweineblut
Schweineblut Schweineblut Schweineblut
Schweineblut Schweineblut Schweineblut
Schweineblut Schweineblut Schweineblut
Schweineblut Schweineblut Schweineblut
Schweineblut Schweineblut Schweineblut
Schweineblut Schweineblut Schweineblut
Schweineblut Schweineblut Schweineblut
Schweineblut Schweineblut Schweineblut
Schweineblut Schweineblut Schweineblut
Schweineblut Schweineblut Schweineblut
Schweineblut Schweineblut Schweineblut
Schweineblut Schweineblut Schweineblut
Schweineblut Schweineblut Schweineblut
Schweineblut Schweineblut Schweineblut
Schweineblut Schweineblut Schweineblut
Schweineblut Schweineblut Schweineblut
Schweineblut Schweineblut Schweineblut
Schweineblut Schweineblut Schweineblut
Schweineblut Schweineblut Schweineblut
Schweineblut Schweineblut Schweineblut
Schweineblut Schweineblut Schweineblut
Schweineblut Schweineblut Schweineblut
Schweineblut Schweineblut Schweineblut
Schweineblut Schweineblut Schweineblut
Schweineblut Schweineblut Schweineblut
Schweineblut Schweineblut Schweineblut
Schweineblut Schweineblut Schweineblut
Schweineblut Schweineblut Schweineblut
Schweineblut Schweineblut Schweineblut

Schweineblut Schweineblut Schweineblut
Schweineblut Schweineblut Schweineblut
Schweineblut Schweineblut Schweineblut
Schweineblut Schweineblut Schweineblut
Schweineblut Schweineblut Schweineblut
Schweineblut Schweineblut Schweineblut
Schweineblut Schweineblut Schweineblut
Schweineblut Schweineblut Schweineblut
Schweineblut Schweineblut Schweineblut
Schweineblut Schweineblut Schweineblut
Schweineblut Schweineblut Schweineblut
Schweineblut Schweineblut Schweineblut
Schweineblut Schweineblut Schweineblut
Schweineblut Schweineblut Schweineblut
Schweineblut Schweineblut Schweineblut
Schweineblut Schweineblut Schweineblut
Schweineblut Schweineblut Schweineblut
Schweineblut Schweineblut Schweineblut
Schweineblut Schweineblut Schweineblut
Schweineblut Schweineblut Schweineblut
Schweineblut Schweineblut Schweineblut
Schweineblut Schweineblut Schweineblut
Schweineblut Schweineblut Schweineblut
Schweineblut Schweineblut Schweineblut
Schweineblut Schweineblut Schweineblut
Schweineblut Schweineblut Schweineblut
Schweineblut Schweineblut Schweineblut
Schweineblut Schweineblut Schweineblut
Schweineblut Schweineblut Schweineblut
Schweineblut Schweineblut Schweineblut
Schweineblut Schweineblut Schweineblut
Schweineblut Schweineblut Schweineblut
Schweineblut Schweineblut Schweineblut
Schweineblut Schweineblut Schweineblut
Schweineblut Schweineblut Schweineblut
Schweineblut Schweineblut Schweineblut
Schweineblut Schweineblut Schweineblut
Schweineblut Schweineblut Schweineblut
Schweineblut Schweineblut Schweineblut

Schweineblut Schweineblut Schweineblut
Schweineblut Schweineblut Schweineblut
Schweineblut Schweineblut Schweineblut
Schweineblut Schweineblut Schweineblut
Schweineblut Schweineblut Schweineblut
Schweineblut Schweineblut Schweineblut
Schweineblut Schweineblut Schweineblut
Schweineblut Schweineblut Schweineblut
Schweineblut Schweineblut Schweineblut
Schweineblut Schweineblut Schweineblut
Schweineblut Schweineblut Schweineblut
Schweineblut Schweineblut Schweineblut
Schweineblut Schweineblut Schweineblut
Schweineblut Schweineblut Schweineblut
Schweineblut Schweineblut Schweineblut
Schweineblut Schweineblut Schweineblut
Schweineblut Schweineblut Schweineblut
Schweineblut Schweineblut Schweineblut
Schweineblut Schweineblut Schweineblut
Schweineblut Schweineblut Schweineblut
Schweineblut Schweineblut Schweineblut
Schweineblut Schweineblut Schweineblut
Schweineblut Schweineblut Schweineblut
Schweineblut Schweineblut Schweineblut
Schweineblut Schweineblut Schweineblut
Schweineblut Schweineblut Schweineblut
Schweineblut Schweineblut Schweineblut
Schweineblut Schweineblut Schweineblut
Schweineblut Schweineblut Schweineblut
Schweineblut Schweineblut Schweineblut
Schweineblut Schweineblut Schweineblut
Schweineblut Schweineblut Schweineblut
Schweineblut Schweineblut Schweineblut
Schweineblut Schweineblut Schweineblut
Schweineblut Schweineblut Schweineblut
Schweineblut Schweineblut Schweineblut
Schweineblut Schweineblut Schweineblut
Schweineblut Schweineblut Schweineblut

Schweineblut Schweineblut Schweineblut
Schweineblut Schweineblut Schweineblut
Schweineblut Schweineblut Schweineblut
Schweineblut Schweineblut Schweineblut
Schweineblut Schweineblut Schweineblut
Schweineblut Schweineblut Schweineblut
Schweineblut Schweineblut Schweineblut
Schweineblut Schweineblut Schweineblut
Schweineblut Schweineblut Schweineblut
Schweineblut Schweineblut Schweineblut
Schweineblut Schweineblut Schweineblut
Schweineblut Schweineblut Schweineblut
Schweineblut Schweineblut Schweineblut
Schweineblut Schweineblut Schweineblut
Schweineblut Schweineblut Schweineblut
Schweineblut Schweineblut Schweineblut
Schweineblut Schweineblut Schweineblut
Schweineblut Schweineblut Schweineblut
Schweineblut Schweineblut Schweineblut
Schweineblut Schweineblut Schweineblut
Schweineblut Schweineblut Schweineblut
Schweineblut Schweineblut Schweineblut
Schweineblut Schweineblut Schweineblut
Schweineblut Schweineblut Schweineblut
Schweineblut Schweineblut Schweineblut
Schweineblut Schweineblut Schweineblut
Schweineblut Schweineblut Schweineblut
Schweineblut Schweineblut Schweineblut
Schweineblut Schweineblut Schweineblut
Schweineblut Schweineblut Schweineblut
Schweineblut Schweineblut Schweineblut
Schweineblut Schweineblut Schweineblut
Schweineblut Schweineblut Schweineblut
Schweineblut Schweineblut Schweineblut
Schweineblut Schweineblut Schweineblut
Schweineblut Schweineblut Schweineblut
Schweineblut Schweineblut Schweineblut
Schweineblut Schweineblut Schweineblut

Schweineblut Schweineblut Schweineblut
Schweineblut Schweineblut Schweineblut
Schweineblut Schweineblut Schweineblut
Schweineblut Schweineblut Schweineblut
Schweineblut Schweineblut Schweineblut
Schweineblut Schweineblut Schweineblut
Schweineblut Schweineblut Schweineblut
Schweineblut Schweineblut Schweineblut
Schweineblut Schweineblut Schweineblut
Schweineblut Schweineblut Schweineblut
Schweineblut Schweineblut Schweineblut
Schweineblut Schweineblut Schweineblut
Schweineblut Schweineblut Schweineblut
Schweineblut Schweineblut Schweineblut
Schweineblut Schweineblut Schweineblut
Schweineblut Schweineblut Schweineblut
Schweineblut Schweineblut Schweineblut
Schweineblut Schweineblut Schweineblut
Schweineblut Schweineblut Schweineblut
Schweineblut Schweineblut Schweineblut
Schweineblut Schweineblut Schweineblut
Schweineblut Schweineblut Schweineblut
Schweineblut Schweineblut Schweineblut
Schweineblut Schweineblut Schweineblut
Schweineblut Schweineblut Schweineblut
Schweineblut Schweineblut Schweineblut
Schweineblut Schweineblut Schweineblut
Schweineblut Schweineblut Schweineblut
Schweineblut Schweineblut Schweineblut
Schweineblut Schweineblut Schweineblut
Schweineblut Schweineblut Schweineblut
Schweineblut Schweineblut Schweineblut
Schweineblut Schweineblut Schweineblut
Schweineblut Schweineblut Schweineblut
Schweineblut Schweineblut Schweineblut
Schweineblut Schweineblut Schweineblut
Schweineblut Schweineblut Schweineblut

Schweineblut Schweineblut Schweineblut
Schweineblut Schweineblut Schweineblut
Schweineblut Schweineblut Schweineblut
Schweineblut Schweineblut Schweineblut
Schweineblut Schweineblut Schweineblut
Schweineblut Schweineblut Schweineblut
Schweineblut Schweineblut Schweineblut
Schweineblut Schweineblut Schweineblut
Schweineblut Schweineblut Schweineblut
Schweineblut Schweineblut Schweineblut
Schweineblut Schweineblut Schweineblut
Schweineblut Schweineblut Schweineblut
Schweineblut Schweineblut Schweineblut
Schweineblut Schweineblut Schweineblut
Schweineblut Schweineblut Schweineblut
Schweineblut Schweineblut Schweineblut
Schweineblut Schweineblut Schweineblut
Schweineblut Schweineblut Schweineblut
Schweineblut Schweineblut Schweineblut
Schweineblut Schweineblut Schweineblut
Schweineblut Schweineblut Schweineblut
Schweineblut Schweineblut Schweineblut
Schweineblut Schweineblut Schweineblut
Schweineblut Schweineblut Schweineblut
Schweineblut Schweineblut Schweineblut
Schweineblut Schweineblut Schweineblut
Schweineblut Schweineblut Schweineblut
Schweineblut Schweineblut Schweineblut
Schweineblut Schweineblut Schweineblut
Schweineblut Schweineblut Schweineblut
Schweineblut Schweineblut Schweineblut
Schweineblut Schweineblut Schweineblut
Schweineblut Schweineblut Schweineblut
Schweineblut Schweineblut Schweineblut
Schweineblut Schweineblut Schweineblut
Schweineblut Schweineblut Schweineblut
Schweineblut Schweineblut Schweineblut
Schweineblut Schweineblut Schweineblut
Schweineblut Schweineblut Schweineblut
Schweineblut Schweineblut Schweineblut

Schweineblut Schweineblut Schweineblut
Schweineblut Schweineblut Schweineblut
Schweineblut Schweineblut Schweineblut
Schweineblut Schweineblut Schweineblut
Schweineblut Schweineblut Schweineblut
Schweineblut Schweineblut Schweineblut
Schweineblut Schweineblut Schweineblut
Schweineblut Schweineblut Schweineblut
Schweineblut Schweineblut Schweineblut
Schweineblut Schweineblut Schweineblut
Schweineblut Schweineblut Schweineblut
Schweineblut Schweineblut Schweineblut
Schweineblut Schweineblut Schweineblut
Schweineblut Schweineblut Schweineblut
Schweineblut Schweineblut Schweineblut
Schweineblut Schweineblut Schweineblut
Schweineblut Schweineblut Schweineblut
Schweineblut Schweineblut Schweineblut
Schweineblut Schweineblut Schweineblut
Schweineblut Schweineblut Schweineblut
Schweineblut Schweineblut Schweineblut
Schweineblut Schweineblut Schweineblut
Schweineblut Schweineblut Schweineblut
Schweineblut Schweineblut Schweineblut
Schweineblut Schweineblut Schweineblut
Schweineblut Schweineblut Schweineblut
Schweineblut Schweineblut Schweineblut
Schweineblut Schweineblut Schweineblut
Schweineblut Schweineblut Schweineblut
Schweineblut Schweineblut Schweineblut
Schweineblut Schweineblut Schweineblut
Schweineblut Schweineblut Schweineblut
Schweineblut Schweineblut Schweineblut
Schweineblut Schweineblut Schweineblut
Schweineblut Schweineblut Schweineblut
Schweineblut Schweineblut Schweineblut
Schweineblut Schweineblut Schweineblut

Schweineblut Schweineblut Schweineblut
Schweineblut Schweineblut Schweineblut
Schweineblut Schweineblut Schweineblut
Schweineblut Schweineblut Schweineblut
Schweineblut Schweineblut Schweineblut
Schweineblut Schweineblut Schweineblut
Schweineblut Schweineblut Schweineblut
Schweineblut Schweineblut Schweineblut
Schweineblut Schweineblut Schweineblut
Schweineblut Schweineblut Schweineblut
Schweineblut Schweineblut Schweineblut
Schweineblut Schweineblut Schweineblut
Schweineblut Schweineblut Schweineblut
Schweineblut Schweineblut Schweineblut
Schweineblut Schweineblut Schweineblut
Schweineblut Schweineblut Schweineblut
Schweineblut Schweineblut Schweineblut
Schweineblut Schweineblut Schweineblut
Schweineblut Schweineblut Schweineblut
Schweineblut Schweineblut Schweineblut
Schweineblut Schweineblut Schweineblut
Schweineblut Schweineblut Schweineblut
Schweineblut Schweineblut Schweineblut
Schweineblut Schweineblut Schweineblut
Schweineblut Schweineblut Schweineblut
Schweineblut Schweineblut Schweineblut
Schweineblut Schweineblut Schweineblut
Schweineblut Schweineblut Schweineblut
Schweineblut Schweineblut Schweineblut
Schweineblut Schweineblut Schweineblut
Schweineblut Schweineblut Schweineblut
Schweineblut Schweineblut Schweineblut
Schweineblut Schweineblut Schweineblut
Schweineblut Schweineblut Schweineblut
Schweineblut Schweineblut Schweineblut
Schweineblut Schweineblut Schweineblut
Schweineblut Schweineblut Schweineblut
Schweineblut Schweineblut Schweineblut
Schweineblut Schweineblut Schweineblut

Schweineblut Schweineblut Schweineblut
Schweineblut Schweineblut Schweineblut
Schweineblut Schweineblut Schweineblut
Schweineblut Schweineblut Schweineblut
Schweineblut Schweineblut Schweineblut
Schweineblut Schweineblut Schweineblut
Schweineblut Schweineblut Schweineblut
Schweineblut Schweineblut Schweineblut
Schweineblut Schweineblut Schweineblut
Schweineblut Schweineblut Schweineblut
Schweineblut Schweineblut Schweineblut
Schweineblut Schweineblut Schweineblut
Schweineblut Schweineblut Schweineblut
Schweineblut Schweineblut Schweineblut
Schweineblut Schweineblut Schweineblut
Schweineblut Schweineblut Schweineblut
Schweineblut Schweineblut Schweineblut
Schweineblut Schweineblut Schweineblut
Schweineblut Schweineblut Schweineblut
Schweineblut Schweineblut Schweineblut
Schweineblut Schweineblut Schweineblut
Schweineblut Schweineblut Schweineblut
Schweineblut Schweineblut Schweineblut
Schweineblut Schweineblut Schweineblut
Schweineblut Schweineblut Schweineblut
Schweineblut Schweineblut Schweineblut
Schweineblut Schweineblut Schweineblut
Schweineblut Schweineblut Schweineblut
Schweineblut Schweineblut Schweineblut
Schweineblut Schweineblut Schweineblut
Schweineblut Schweineblut Schweineblut
Schweineblut Schweineblut Schweineblut
Schweineblut Schweineblut Schweineblut
Schweineblut Schweineblut Schweineblut
Schweineblut Schweineblut Schweineblut
Schweineblut Schweineblut Schweineblut
Schweineblut Schweineblut Schweineblut
Schweineblut Schweineblut Schweineblut

Schweineblut Schweineblut Schweineblut
Schweineblut Schweineblut Schweineblut
Schweineblut Schweineblut Schweineblut
Schweineblut Schweineblut Schweineblut
Schweineblut Schweineblut Schweineblut
Schweineblut Schweineblut Schweineblut
Schweineblut Schweineblut Schweineblut
Schweineblut Schweineblut Schweineblut
Schweineblut Schweineblut Schweineblut
Schweineblut Schweineblut Schweineblut
Schweineblut Schweineblut Schweineblut
Schweineblut Schweineblut Schweineblut
Schweineblut Schweineblut Schweineblut
Schweineblut Schweineblut Schweineblut
Schweineblut Schweineblut Schweineblut
Schweineblut Schweineblut Schweineblut
Schweineblut Schweineblut Schweineblut
Schweineblut Schweineblut Schweineblut
Schweineblut Schweineblut Schweineblut
Schweineblut Schweineblut Schweineblut
Schweineblut Schweineblut Schweineblut
Schweineblut Schweineblut Schweineblut
Schweineblut Schweineblut Schweineblut
Schweineblut Schweineblut Schweineblut
Schweineblut Schweineblut Schweineblut
Schweineblut Schweineblut Schweineblut
Schweineblut Schweineblut Schweineblut
Schweineblut Schweineblut Schweineblut
Schweineblut Schweineblut Schweineblut
Schweineblut Schweineblut Schweineblut
Schweineblut Schweineblut Schweineblut
Schweineblut Schweineblut Schweineblut
Schweineblut Schweineblut Schweineblut
Schweineblut Schweineblut Schweineblut
Schweineblut Schweineblut Schweineblut
Schweineblut Schweineblut Schweineblut
Schweineblut Schweineblut Schweineblut

Schweineblut Schweineblut Schweineblut
Schweineblut Schweineblut Schweineblut
Schweineblut Schweineblut Schweineblut
Schweineblut Schweineblut Schweineblut
Schweineblut Schweineblut Schweineblut
Schweineblut Schweineblut Schweineblut
Schweineblut Schweineblut Schweineblut
Schweineblut Schweineblut Schweineblut
Schweineblut Schweineblut Schweineblut
Schweineblut Schweineblut Schweineblut
Schweineblut Schweineblut Schweineblut
Schweineblut Schweineblut Schweineblut
Schweineblut Schweineblut Schweineblut
Schweineblut Schweineblut Schweineblut
Schweineblut Schweineblut Schweineblut
Schweineblut Schweineblut Schweineblut
Schweineblut Schweineblut Schweineblut
Schweineblut Schweineblut Schweineblut
Schweineblut Schweineblut Schweineblut
Schweineblut Schweineblut Schweineblut
Schweineblut Schweineblut Schweineblut
Schweineblut Schweineblut Schweineblut
Schweineblut Schweineblut Schweineblut
Schweineblut Schweineblut Schweineblut
Schweineblut Schweineblut Schweineblut
Schweineblut Schweineblut Schweineblut
Schweineblut Schweineblut Schweineblut
Schweineblut Schweineblut Schweineblut
Schweineblut Schweineblut Schweineblut
Schweineblut Schweineblut Schweineblut
Schweineblut Schweineblut Schweineblut
Schweineblut Schweineblut Schweineblut
Schweineblut Schweineblut Schweineblut
Schweineblut Schweineblut Schweineblut
Schweineblut Schweineblut Schweineblut
Schweineblut Schweineblut Schweineblut
Schweineblut Schweineblut Schweineblut
Schweineblut Schweineblut Schweineblut

Schweineblut Schweineblut Schweineblut
Schweineblut Schweineblut Schweineblut
Schweineblut Schweineblut Schweineblut
Schweineblut Schweineblut Schweineblut
Schweineblut Schweineblut Schweineblut
Schweineblut Schweineblut Schweineblut
Schweineblut Schweineblut Schweineblut
Schweineblut Schweineblut Schweineblut
Schweineblut Schweineblut Schweineblut
Schweineblut Schweineblut Schweineblut
Schweineblut Schweineblut Schweineblut
Schweineblut Schweineblut Schweineblut
Schweineblut Schweineblut Schweineblut
Schweineblut Schweineblut Schweineblut
Schweineblut Schweineblut Schweineblut
Schweineblut Schweineblut Schweineblut
Schweineblut Schweineblut Schweineblut
Schweineblut Schweineblut Schweineblut
Schweineblut Schweineblut Schweineblut
Schweineblut Schweineblut Schweineblut
Schweineblut Schweineblut Schweineblut
Schweineblut Schweineblut Schweineblut
Schweineblut Schweineblut Schweineblut
Schweineblut Schweineblut Schweineblut
Schweineblut Schweineblut Schweineblut
Schweineblut Schweineblut Schweineblut
Schweineblut Schweineblut Schweineblut
Schweineblut Schweineblut Schweineblut
Schweineblut Schweineblut Schweineblut
Schweineblut Schweineblut Schweineblut
Schweineblut Schweineblut Schweineblut
Schweineblut Schweineblut Schweineblut
Schweineblut Schweineblut Schweineblut
Schweineblut Schweineblut Schweineblut
Schweineblut Schweineblut Schweineblut
Schweineblut Schweineblut Schweineblut
Schweineblut Schweineblut Schweineblut
Schweineblut Schweineblut Schweineblut
Schweineblut Schweineblut Schweineblut

Schweineblut Schweineblut Schweineblut
Schweineblut Schweineblut Schweineblut
Schweineblut Schweineblut Schweineblut
Schweineblut Schweineblut Schweineblut
Schweineblut Schweineblut Schweineblut
Schweineblut Schweineblut Schweineblut
Schweineblut Schweineblut Schweineblut
Schweineblut Schweineblut Schweineblut
Schweineblut Schweineblut Schweineblut
Schweineblut Schweineblut Schweineblut
Schweineblut Schweineblut Schweineblut
Schweineblut Schweineblut Schweineblut
Schweineblut Schweineblut Schweineblut
Schweineblut Schweineblut Schweineblut
Schweineblut Schweineblut Schweineblut
Schweineblut Schweineblut Schweineblut
Schweineblut Schweineblut Schweineblut
Schweineblut Schweineblut Schweineblut
Schweineblut Schweineblut Schweineblut
Schweineblut Schweineblut Schweineblut
Schweineblut Schweineblut Schweineblut
Schweineblut Schweineblut Schweineblut
Schweineblut Schweineblut Schweineblut
Schweineblut Schweineblut Schweineblut
Schweineblut Schweineblut Schweineblut
Schweineblut Schweineblut Schweineblut
Schweineblut Schweineblut Schweineblut
Schweineblut Schweineblut Schweineblut
Schweineblut Schweineblut Schweineblut
Schweineblut Schweineblut Schweineblut
Schweineblut Schweineblut Schweineblut
Schweineblut Schweineblut Schweineblut
Schweineblut Schweineblut Schweineblut
Schweineblut Schweineblut Schweineblut
Schweineblut Schweineblut Schweineblut
Schweineblut Schweineblut Schweineblut

Schweineblut Schweineblut Schweineblut
Schweineblut Schweineblut Schweineblut
Schweineblut Schweineblut Schweineblut
Schweineblut Schweineblut Schweineblut
Schweineblut Schweineblut Schweineblut
Schweineblut Schweineblut Schweineblut
Schweineblut Schweineblut Schweineblut
Schweineblut Schweineblut Schweineblut
Schweineblut Schweineblut Schweineblut
Schweineblut Schweineblut Schweineblut
Schweineblut Schweineblut Schweineblut
Schweineblut Schweineblut Schweineblut
Schweineblut Schweineblut Schweineblut
Schweineblut Schweineblut Schweineblut
Schweineblut Schweineblut Schweineblut
Schweineblut Schweineblut Schweineblut
Schweineblut Schweineblut Schweineblut
Schweineblut Schweineblut Schweineblut
Schweineblut Schweineblut Schweineblut
Schweineblut Schweineblut Schweineblut
Schweineblut Schweineblut Schweineblut
Schweineblut Schweineblut Schweineblut
Schweineblut Schweineblut Schweineblut
Schweineblut Schweineblut Schweineblut
Schweineblut Schweineblut Schweineblut
Schweineblut Schweineblut Schweineblut
Schweineblut Schweineblut Schweineblut
Schweineblut Schweineblut Schweineblut
Schweineblut Schweineblut Schweineblut
Schweineblut Schweineblut Schweineblut
Schweineblut Schweineblut Schweineblut
Schweineblut Schweineblut Schweineblut
Schweineblut Schweineblut Schweineblut
Schweineblut Schweineblut Schweineblut
Schweineblut Schweineblut Schweineblut
Schweineblut Schweineblut Schweineblut
Schweineblut Schweineblut Schweineblut

Schweineblut Schweineblut Schweineblut
Schweineblut Schweineblut Schweineblut
Schweineblut Schweineblut Schweineblut
Schweineblut Schweineblut Schweineblut
Schweineblut Schweineblut Schweineblut
Schweineblut Schweineblut Schweineblut
Schweineblut Schweineblut Schweineblut
Schweineblut Schweineblut Schweineblut
Schweineblut Schweineblut Schweineblut
Schweineblut Schweineblut Schweineblut
Schweineblut Schweineblut Schweineblut
Schweineblut Schweineblut Schweineblut
Schweineblut Schweineblut Schweineblut
Schweineblut Schweineblut Schweineblut
Schweineblut Schweineblut Schweineblut
Schweineblut Schweineblut Schweineblut
Schweineblut Schweineblut Schweineblut
Schweineblut Schweineblut Schweineblut
Schweineblut Schweineblut Schweineblut
Schweineblut Schweineblut Schweineblut
Schweineblut Schweineblut Schweineblut
Schweineblut Schweineblut Schweineblut
Schweineblut Schweineblut Schweineblut
Schweineblut Schweineblut Schweineblut
Schweineblut Schweineblut Schweineblut
Schweineblut Schweineblut Schweineblut
Schweineblut Schweineblut Schweineblut
Schweineblut Schweineblut Schweineblut
Schweineblut Schweineblut Schweineblut
Schweineblut Schweineblut Schweineblut
Schweineblut Schweineblut Schweineblut
Schweineblut Schweineblut Schweineblut
Schweineblut Schweineblut Schweineblut
Schweineblut Schweineblut Schweineblut
Schweineblut Schweineblut Schweineblut
Schweineblut Schweineblut Schweineblut
Schweineblut Schweineblut Schweineblut
Schweineblut Schweineblut Schweineblut

Schweineblut Schweineblut Schweineblut
Schweineblut Schweineblut Schweineblut
Schweineblut Schweineblut Schweineblut
Schweineblut Schweineblut Schweineblut
Schweineblut Schweineblut Schweineblut
Schweineblut Schweineblut Schweineblut
Schweineblut Schweineblut Schweineblut
Schweineblut Schweineblut Schweineblut
Schweineblut Schweineblut Schweineblut
Schweineblut Schweineblut Schweineblut
Schweineblut Schweineblut Schweineblut
Schweineblut Schweineblut Schweineblut
Schweineblut Schweineblut Schweineblut
Schweineblut Schweineblut Schweineblut
Schweineblut Schweineblut Schweineblut
Schweineblut Schweineblut Schweineblut
Schweineblut Schweineblut Schweineblut
Schweineblut Schweineblut Schweineblut
Schweineblut Schweineblut Schweineblut
Schweineblut Schweineblut Schweineblut
Schweineblut Schweineblut Schweineblut
Schweineblut Schweineblut Schweineblut
Schweineblut Schweineblut Schweineblut
Schweineblut Schweineblut Schweineblut
Schweineblut Schweineblut Schweineblut
Schweineblut Schweineblut Schweineblut
Schweineblut Schweineblut Schweineblut
Schweineblut Schweineblut Schweineblut
Schweineblut Schweineblut Schweineblut
Schweineblut Schweineblut Schweineblut
Schweineblut Schweineblut Schweineblut
Schweineblut Schweineblut Schweineblut
Schweineblut Schweineblut Schweineblut
Schweineblut Schweineblut Schweineblut
Schweineblut Schweineblut Schweineblut
Schweineblut Schweineblut Schweineblut
Schweineblut Schweineblut Schweineblut

Schweineblut Schweineblut Schweineblut
Schweineblut Schweineblut Schweineblut
Schweineblut Schweineblut Schweineblut
Schweineblut Schweineblut Schweineblut
Schweineblut Schweineblut Schweineblut
Schweineblut Schweineblut Schweineblut
Schweineblut Schweineblut Schweineblut
Schweineblut Schweineblut Schweineblut
Schweineblut Schweineblut Schweineblut
Schweineblut Schweineblut Schweineblut
Schweineblut Schweineblut Schweineblut
Schweineblut Schweineblut Schweineblut
Schweineblut Schweineblut Schweineblut
Schweineblut Schweineblut Schweineblut
Schweineblut Schweineblut Schweineblut
Schweineblut Schweineblut Schweineblut
Schweineblut Schweineblut Schweineblut
Schweineblut Schweineblut Schweineblut
Schweineblut Schweineblut Schweineblut
Schweineblut Schweineblut Schweineblut
Schweineblut Schweineblut Schweineblut
Schweineblut Schweineblut Schweineblut
Schweineblut Schweineblut Schweineblut
Schweineblut Schweineblut Schweineblut
Schweineblut Schweineblut Schweineblut
Schweineblut Schweineblut Schweineblut
Schweineblut Schweineblut Schweineblut
Schweineblut Schweineblut Schweineblut
Schweineblut Schweineblut Schweineblut
Schweineblut Schweineblut Schweineblut
Schweineblut Schweineblut Schweineblut
Schweineblut Schweineblut Schweineblut
Schweineblut Schweineblut Schweineblut
Schweineblut Schweineblut Schweineblut
Schweineblut Schweineblut Schweineblut
Schweineblut Schweineblut Schweineblut
Schweineblut Schweineblut Schweineblut
Schweineblut Schweineblut Schweineblut

Schweineblut Schweineblut Schweineblut
Schweineblut Schweineblut Schweineblut
Schweineblut Schweineblut Schweineblut
Schweineblut Schweineblut Schweineblut
Schweineblut Schweineblut Schweineblut
Schweineblut Schweineblut Schweineblut
Schweineblut Schweineblut Schweineblut
Schweineblut Schweineblut Schweineblut
Schweineblut Schweineblut Schweineblut
Schweineblut Schweineblut Schweineblut
Schweineblut Schweineblut Schweineblut
Schweineblut Schweineblut Schweineblut
Schweineblut Schweineblut Schweineblut
Schweineblut Schweineblut Schweineblut
Schweineblut Schweineblut Schweineblut
Schweineblut Schweineblut Schweineblut
Schweineblut Schweineblut Schweineblut
Schweineblut Schweineblut Schweineblut
Schweineblut Schweineblut Schweineblut
Schweineblut Schweineblut Schweineblut
Schweineblut Schweineblut Schweineblut
Schweineblut Schweineblut Schweineblut
Schweineblut Schweineblut Schweineblut
Schweineblut Schweineblut Schweineblut
Schweineblut Schweineblut Schweineblut
Schweineblut Schweineblut Schweineblut
Schweineblut Schweineblut Schweineblut
Schweineblut Schweineblut Schweineblut
Schweineblut Schweineblut Schweineblut
Schweineblut Schweineblut Schweineblut
Schweineblut Schweineblut Schweineblut
Schweineblut Schweineblut Schweineblut
Schweineblut Schweineblut Schweineblut
Schweineblut Schweineblut Schweineblut
Schweineblut Schweineblut Schweineblut
Schweineblut Schweineblut Schweineblut
Schweineblut Schweineblut Schweineblut
Schweineblut Schweineblut Schweineblut

Schweineblut Schweineblut Schweineblut
Schweineblut Schweineblut Schweineblut
Schweineblut Schweineblut Schweineblut
Schweineblut Schweineblut Schweineblut
Schweineblut Schweineblut Schweineblut
Schweineblut Schweineblut Schweineblut
Schweineblut Schweineblut Schweineblut
Schweineblut Schweineblut Schweineblut
Schweineblut Schweineblut Schweineblut
Schweineblut Schweineblut Schweineblut
Schweineblut Schweineblut Schweineblut
Schweineblut Schweineblut Schweineblut
Schweineblut Schweineblut Schweineblut
Schweineblut Schweineblut Schweineblut
Schweineblut Schweineblut Schweineblut
Schweineblut Schweineblut Schweineblut
Schweineblut Schweineblut Schweineblut
Schweineblut Schweineblut Schweineblut
Schweineblut Schweineblut Schweineblut
Schweineblut Schweineblut Schweineblut
Schweineblut Schweineblut Schweineblut
Schweineblut Schweineblut Schweineblut
Schweineblut Schweineblut Schweineblut
Schweineblut Schweineblut Schweineblut
Schweineblut Schweineblut Schweineblut
Schweineblut Schweineblut Schweineblut
Schweineblut Schweineblut Schweineblut
Schweineblut Schweineblut Schweineblut
Schweineblut Schweineblut Schweineblut
Schweineblut Schweineblut Schweineblut
Schweineblut Schweineblut Schweineblut
Schweineblut Schweineblut Schweineblut
Schweineblut Schweineblut Schweineblut
Schweineblut Schweineblut Schweineblut
Schweineblut Schweineblut Schweineblut
Schweineblut Schweineblut Schweineblut
Schweineblut Schweineblut Schweineblut

Schweineblut Schweineblut Schweineblut
Schweineblut Schweineblut Schweineblut
Schweineblut Schweineblut Schweineblut
Schweineblut Schweineblut Schweineblut
Schweineblut Schweineblut Schweineblut
Schweineblut Schweineblut Schweineblut
Schweineblut Schweineblut Schweineblut
Schweineblut Schweineblut Schweineblut
Schweineblut Schweineblut Schweineblut
Schweineblut Schweineblut Schweineblut
Schweineblut Schweineblut Schweineblut
Schweineblut Schweineblut Schweineblut
Schweineblut Schweineblut Schweineblut
Schweineblut Schweineblut Schweineblut
Schweineblut Schweineblut Schweineblut
Schweineblut Schweineblut Schweineblut
Schweineblut Schweineblut Schweineblut
Schweineblut Schweineblut Schweineblut
Schweineblut Schweineblut Schweineblut
Schweineblut Schweineblut Schweineblut
Schweineblut Schweineblut Schweineblut
Schweineblut Schweineblut Schweineblut
Schweineblut Schweineblut Schweineblut
Schweineblut Schweineblut Schweineblut
Schweineblut Schweineblut Schweineblut
Schweineblut Schweineblut Schweineblut
Schweineblut Schweineblut Schweineblut
Schweineblut Schweineblut Schweineblut
Schweineblut Schweineblut Schweineblut
Schweineblut Schweineblut Schweineblut
Schweineblut Schweineblut Schweineblut
Schweineblut Schweineblut Schweineblut
Schweineblut Schweineblut Schweineblut
Schweineblut Schweineblut Schweineblut
Schweineblut Schweineblut Schweineblut
Schweineblut Schweineblut Schweineblut

Schweineblut Schweineblut Schweineblut
Schweineblut Schweineblut Schweineblut
Schweineblut Schweineblut Schweineblut
Schweineblut Schweineblut Schweineblut
Schweineblut Schweineblut Schweineblut
Schweineblut Schweineblut Schweineblut
Schweineblut Schweineblut Schweineblut
Schweineblut Schweineblut Schweineblut
Schweineblut Schweineblut Schweineblut
Schweineblut Schweineblut Schweineblut
Schweineblut Schweineblut Schweineblut
Schweineblut Schweineblut Schweineblut
Schweineblut Schweineblut Schweineblut
Schweineblut Schweineblut Schweineblut
Schweineblut Schweineblut Schweineblut
Schweineblut Schweineblut Schweineblut
Schweineblut Schweineblut Schweineblut
Schweineblut Schweineblut Schweineblut
Schweineblut Schweineblut Schweineblut
Schweineblut Schweineblut Schweineblut
Schweineblut Schweineblut Schweineblut
Schweineblut Schweineblut Schweineblut
Schweineblut Schweineblut Schweineblut
Schweineblut Schweineblut Schweineblut
Schweineblut Schweineblut Schweineblut
Schweineblut Schweineblut Schweineblut
Schweineblut Schweineblut Schweineblut
Schweineblut Schweineblut Schweineblut
Schweineblut Schweineblut Schweineblut
Schweineblut Schweineblut Schweineblut
Schweineblut Schweineblut Schweineblut
Schweineblut Schweineblut Schweineblut
Schweineblut Schweineblut Schweineblut
Schweineblut Schweineblut Schweineblut
Schweineblut Schweineblut Schweineblut
Schweineblut Schweineblut Schweineblut
Schweineblut Schweineblut Schweineblut
Schweineblut Schweineblut Schweineblut

Schweineblut Schweineblut Schweineblut
Schweineblut Schweineblut Schweineblut
Schweineblut Schweineblut Schweineblut
Schweineblut Schweineblut Schweineblut
Schweineblut Schweineblut Schweineblut
Schweineblut Schweineblut Schweineblut
Schweineblut Schweineblut Schweineblut
Schweineblut Schweineblut Schweineblut
Schweineblut Schweineblut Schweineblut
Schweineblut Schweineblut Schweineblut
Schweineblut Schweineblut Schweineblut
Schweineblut Schweineblut Schweineblut
Schweineblut Schweineblut Schweineblut
Schweineblut Schweineblut Schweineblut
Schweineblut Schweineblut Schweineblut
Schweineblut Schweineblut Schweineblut
Schweineblut Schweineblut Schweineblut
Schweineblut Schweineblut Schweineblut
Schweineblut Schweineblut Schweineblut
Schweineblut Schweineblut Schweineblut
Schweineblut Schweineblut Schweineblut
Schweineblut Schweineblut Schweineblut
Schweineblut Schweineblut Schweineblut
Schweineblut Schweineblut Schweineblut
Schweineblut Schweineblut Schweineblut
Schweineblut Schweineblut Schweineblut
Schweineblut Schweineblut Schweineblut
Schweineblut Schweineblut Schweineblut
Schweineblut Schweineblut Schweineblut
Schweineblut Schweineblut Schweineblut
Schweineblut Schweineblut Schweineblut
Schweineblut Schweineblut Schweineblut
Schweineblut Schweineblut Schweineblut
Schweineblut Schweineblut Schweineblut
Schweineblut Schweineblut Schweineblut
Schweineblut Schweineblut Schweineblut
Schweineblut Schweineblut Schweineblut

Schweineblut Schweineblut Schweineblut
Schweineblut Schweineblut Schweineblut
Schweineblut Schweineblut Schweineblut
Schweineblut Schweineblut Schweineblut
Schweineblut Schweineblut Schweineblut
Schweineblut Schweineblut Schweineblut
Schweineblut Schweineblut Schweineblut
Schweineblut Schweineblut Schweineblut
Schweineblut Schweineblut Schweineblut
Schweineblut Schweineblut Schweineblut
Schweineblut Schweineblut Schweineblut
Schweineblut Schweineblut Schweineblut
Schweineblut Schweineblut Schweineblut
Schweineblut Schweineblut Schweineblut
Schweineblut Schweineblut Schweineblut
Schweineblut Schweineblut Schweineblut
Schweineblut Schweineblut Schweineblut
Schweineblut Schweineblut Schweineblut
Schweineblut Schweineblut Schweineblut
Schweineblut Schweineblut Schweineblut
Schweineblut Schweineblut Schweineblut
Schweineblut Schweineblut Schweineblut
Schweineblut Schweineblut Schweineblut
Schweineblut Schweineblut Schweineblut
Schweineblut Schweineblut Schweineblut
Schweineblut Schweineblut Schweineblut
Schweineblut Schweineblut Schweineblut
Schweineblut Schweineblut Schweineblut
Schweineblut Schweineblut Schweineblut
Schweineblut Schweineblut Schweineblut
Schweineblut Schweineblut Schweineblut
Schweineblut Schweineblut Schweineblut
Schweineblut Schweineblut Schweineblut
Schweineblut Schweineblut Schweineblut
Schweineblut Schweineblut Schweineblut
Schweineblut Schweineblut Schweineblut
Schweineblut Schweineblut Schweineblut
Schweineblut Schweineblut Schweineblut

Schweineblut Schweineblut Schweineblut
Schweineblut Schweineblut Schweineblut
Schweineblut Schweineblut Schweineblut
Schweineblut Schweineblut Schweineblut
Schweineblut Schweineblut Schweineblut
Schweineblut Schweineblut Schweineblut
Schweineblut Schweineblut Schweineblut
Schweineblut Schweineblut Schweineblut
Schweineblut Schweineblut Schweineblut
Schweineblut Schweineblut Schweineblut
Schweineblut Schweineblut Schweineblut
Schweineblut Schweineblut Schweineblut
Schweineblut Schweineblut Schweineblut
Schweineblut Schweineblut Schweineblut
Schweineblut Schweineblut Schweineblut
Schweineblut Schweineblut Schweineblut
Schweineblut Schweineblut Schweineblut
Schweineblut Schweineblut Schweineblut
Schweineblut Schweineblut Schweineblut
Schweineblut Schweineblut Schweineblut
Schweineblut Schweineblut Schweineblut
Schweineblut Schweineblut Schweineblut
Schweineblut Schweineblut Schweineblut
Schweineblut Schweineblut Schweineblut
Schweineblut Schweineblut Schweineblut
Schweineblut Schweineblut Schweineblut
Schweineblut Schweineblut Schweineblut
Schweineblut Schweineblut Schweineblut
Schweineblut Schweineblut Schweineblut
Schweineblut Schweineblut Schweineblut
Schweineblut Schweineblut Schweineblut
Schweineblut Schweineblut Schweineblut
Schweineblut Schweineblut Schweineblut
Schweineblut Schweineblut Schweineblut
Schweineblut Schweineblut Schweineblut
Schweineblut Schweineblut Schweineblut
Schweineblut Schweineblut Schweineblut
Schweineblut Schweineblut Schweineblut

Schweineblut Schweineblut Schweineblut
Schweineblut Schweineblut Schweineblut
Schweineblut Schweineblut Schweineblut
Schweineblut Schweineblut Schweineblut
Schweineblut Schweineblut Schweineblut
Schweineblut Schweineblut Schweineblut
Schweineblut Schweineblut Schweineblut
Schweineblut Schweineblut Schweineblut
Schweineblut Schweineblut Schweineblut
Schweineblut Schweineblut Schweineblut
Schweineblut Schweineblut Schweineblut
Schweineblut Schweineblut Schweineblut
Schweineblut Schweineblut Schweineblut
Schweineblut Schweineblut Schweineblut
Schweineblut Schweineblut Schweineblut
Schweineblut Schweineblut Schweineblut
Schweineblut Schweineblut Schweineblut
Schweineblut Schweineblut Schweineblut
Schweineblut Schweineblut Schweineblut
Schweineblut Schweineblut Schweineblut
Schweineblut Schweineblut Schweineblut
Schweineblut Schweineblut Schweineblut
Schweineblut Schweineblut Schweineblut
Schweineblut Schweineblut Schweineblut
Schweineblut Schweineblut Schweineblut
Schweineblut Schweineblut Schweineblut
Schweineblut Schweineblut Schweineblut
Schweineblut Schweineblut Schweineblut
Schweineblut Schweineblut Schweineblut
Schweineblut Schweineblut Schweineblut
Schweineblut Schweineblut Schweineblut
Schweineblut Schweineblut Schweineblut
Schweineblut Schweineblut Schweineblut
Schweineblut Schweineblut Schweineblut
Schweineblut Schweineblut Schweineblut
Schweineblut Schweineblut Schweineblut
Schweineblut Schweineblut Schweineblut

Schweineblut Schweineblut Schweineblut
Schweineblut Schweineblut Schweineblut
Schweineblut Schweineblut Schweineblut
Schweineblut Schweineblut Schweineblut
Schweineblut Schweineblut Schweineblut
Schweineblut Schweineblut Schweineblut
Schweineblut Schweineblut Schweineblut
Schweineblut Schweineblut Schweineblut
Schweineblut Schweineblut Schweineblut
Schweineblut Schweineblut Schweineblut
Schweineblut Schweineblut Schweineblut
Schweineblut Schweineblut Schweineblut
Schweineblut Schweineblut Schweineblut
Schweineblut Schweineblut Schweineblut
Schweineblut Schweineblut Schweineblut
Schweineblut Schweineblut Schweineblut
Schweineblut Schweineblut Schweineblut
Schweineblut Schweineblut Schweineblut
Schweineblut Schweineblut Schweineblut
Schweineblut Schweineblut Schweineblut
Schweineblut Schweineblut Schweineblut
Schweineblut Schweineblut Schweineblut
Schweineblut Schweineblut Schweineblut
Schweineblut Schweineblut Schweineblut
Schweineblut Schweineblut Schweineblut
Schweineblut Schweineblut Schweineblut
Schweineblut Schweineblut Schweineblut
Schweineblut Schweineblut Schweineblut
Schweineblut Schweineblut Schweineblut
Schweineblut Schweineblut Schweineblut
Schweineblut Schweineblut Schweineblut
Schweineblut Schweineblut Schweineblut
Schweineblut Schweineblut Schweineblut
Schweineblut Schweineblut Schweineblut
Schweineblut Schweineblut Schweineblut
Schweineblut Schweineblut Schweineblut
Schweineblut Schweineblut Schweineblut
Schweineblut Schweineblut Schweineblut

Schweineblut Schweineblut Schweineblut
Schweineblut Schweineblut Schweineblut
Schweineblut Schweineblut Schweineblut
Schweineblut Schweineblut Schweineblut
Schweineblut Schweineblut Schweineblut
Schweineblut Schweineblut Schweineblut
Schweineblut Schweineblut Schweineblut
Schweineblut Schweineblut Schweineblut
Schweineblut Schweineblut Schweineblut
Schweineblut Schweineblut Schweineblut
Schweineblut Schweineblut Schweineblut
Schweineblut Schweineblut Schweineblut
Schweineblut Schweineblut Schweineblut
Schweineblut Schweineblut Schweineblut
Schweineblut Schweineblut Schweineblut
Schweineblut Schweineblut Schweineblut
Schweineblut Schweineblut Schweineblut
Schweineblut Schweineblut Schweineblut
Schweineblut Schweineblut Schweineblut
Schweineblut Schweineblut Schweineblut
Schweineblut Schweineblut Schweineblut
Schweineblut Schweineblut Schweineblut
Schweineblut Schweineblut Schweineblut
Schweineblut Schweineblut Schweineblut
Schweineblut Schweineblut Schweineblut
Schweineblut Schweineblut Schweineblut
Schweineblut Schweineblut Schweineblut
Schweineblut Schweineblut Schweineblut
Schweineblut Schweineblut Schweineblut
Schweineblut Schweineblut Schweineblut
Schweineblut Schweineblut Schweineblut
Schweineblut Schweineblut Schweineblut
Schweineblut Schweineblut Schweineblut
Schweineblut Schweineblut Schweineblut
Schweineblut Schweineblut Schweineblut
Schweineblut Schweineblut Schweineblut
Schweineblut Schweineblut Schweineblut

Schweineblut Schweineblut Schweineblut
Schweineblut Schweineblut Schweineblut
Schweineblut Schweineblut Schweineblut
Schweineblut Schweineblut Schweineblut
Schweineblut Schweineblut Schweineblut
Schweineblut Schweineblut Schweineblut
Schweineblut Schweineblut Schweineblut
Schweineblut Schweineblut Schweineblut
Schweineblut Schweineblut Schweineblut
Schweineblut Schweineblut Schweineblut
Schweineblut Schweineblut Schweineblut
Schweineblut Schweineblut Schweineblut
Schweineblut Schweineblut Schweineblut
Schweineblut Schweineblut Schweineblut
Schweineblut Schweineblut Schweineblut
Schweineblut Schweineblut Schweineblut
Schweineblut Schweineblut Schweineblut
Schweineblut Schweineblut Schweineblut
Schweineblut Schweineblut Schweineblut
Schweineblut Schweineblut Schweineblut
Schweineblut Schweineblut Schweineblut
Schweineblut Schweineblut Schweineblut
Schweineblut Schweineblut Schweineblut
Schweineblut Schweineblut Schweineblut
Schweineblut Schweineblut Schweineblut
Schweineblut Schweineblut Schweineblut
Schweineblut Schweineblut Schweineblut
Schweineblut Schweineblut Schweineblut
Schweineblut Schweineblut Schweineblut
Schweineblut Schweineblut Schweineblut
Schweineblut Schweineblut Schweineblut
Schweineblut Schweineblut Schweineblut
Schweineblut Schweineblut Schweineblut
Schweineblut Schweineblut Schweineblut
Schweineblut Schweineblut Schweineblut
Schweineblut Schweineblut Schweineblut
Schweineblut Schweineblut Schweineblut

Schweineblut Schweineblut Schweineblut
Schweineblut Schweineblut Schweineblut
Schweineblut Schweineblut Schweineblut
Schweineblut Schweineblut Schweineblut
Schweineblut Schweineblut Schweineblut
Schweineblut Schweineblut Schweineblut
Schweineblut Schweineblut Schweineblut
Schweineblut Schweineblut Schweineblut
Schweineblut Schweineblut Schweineblut
Schweineblut Schweineblut Schweineblut
Schweineblut Schweineblut Schweineblut
Schweineblut Schweineblut Schweineblut
Schweineblut Schweineblut Schweineblut
Schweineblut Schweineblut Schweineblut
Schweineblut Schweineblut Schweineblut
Schweineblut Schweineblut Schweineblut
Schweineblut Schweineblut Schweineblut
Schweineblut Schweineblut Schweineblut
Schweineblut Schweineblut Schweineblut
Schweineblut Schweineblut Schweineblut
Schweineblut Schweineblut Schweineblut
Schweineblut Schweineblut Schweineblut
Schweineblut Schweineblut Schweineblut
Schweineblut Schweineblut Schweineblut
Schweineblut Schweineblut Schweineblut
Schweineblut Schweineblut Schweineblut
Schweineblut Schweineblut Schweineblut
Schweineblut Schweineblut Schweineblut
Schweineblut Schweineblut Schweineblut
Schweineblut Schweineblut Schweineblut
Schweineblut Schweineblut Schweineblut
Schweineblut Schweineblut Schweineblut
Schweineblut Schweineblut Schweineblut
Schweineblut Schweineblut Schweineblut
Schweineblut Schweineblut Schweineblut
Schweineblut Schweineblut Schweineblut
Schweineblut Schweineblut Schweineblut

Schweineblut Schweineblut Schweineblut
Schweineblut Schweineblut Schweineblut
Schweineblut Schweineblut Schweineblut
Schweineblut Schweineblut Schweineblut
Schweineblut Schweineblut Schweineblut
Schweineblut Schweineblut Schweineblut
Schweineblut Schweineblut Schweineblut
Schweineblut Schweineblut Schweineblut
Schweineblut Schweineblut Schweineblut
Schweineblut Schweineblut Schweineblut
Schweineblut Schweineblut Schweineblut
Schweineblut Schweineblut Schweineblut
Schweineblut Schweineblut Schweineblut
Schweineblut Schweineblut Schweineblut
Schweineblut Schweineblut Schweineblut
Schweineblut Schweineblut Schweineblut
Schweineblut Schweineblut Schweineblut
Schweineblut Schweineblut Schweineblut
Schweineblut Schweineblut Schweineblut
Schweineblut Schweineblut Schweineblut
Schweineblut Schweineblut Schweineblut
Schweineblut Schweineblut Schweineblut
Schweineblut Schweineblut Schweineblut
Schweineblut Schweineblut Schweineblut
Schweineblut Schweineblut Schweineblut
Schweineblut Schweineblut Schweineblut
Schweineblut Schweineblut Schweineblut
Schweineblut Schweineblut Schweineblut
Schweineblut Schweineblut Schweineblut
Schweineblut Schweineblut Schweineblut
Schweineblut Schweineblut Schweineblut
Schweineblut Schweineblut Schweineblut
Schweineblut Schweineblut Schweineblut
Schweineblut Schweineblut Schweineblut
Schweineblut Schweineblut Schweineblut
Schweineblut Schweineblut Schweineblut
Schweineblut Schweineblut Schweineblut
Schweineblut Schweineblut Schweineblut

Schweineblut Schweineblut Schweineblut
Schweineblut Schweineblut Schweineblut
Schweineblut Schweineblut Schweineblut
Schweineblut Schweineblut Schweineblut
Schweineblut Schweineblut Schweineblut
Schweineblut Schweineblut Schweineblut
Schweineblut Schweineblut Schweineblut
Schweineblut Schweineblut Schweineblut
Schweineblut Schweineblut Schweineblut
Schweineblut Schweineblut Schweineblut
Schweineblut Schweineblut Schweineblut
Schweineblut Schweineblut Schweineblut
Schweineblut Schweineblut Schweineblut
Schweineblut Schweineblut Schweineblut
Schweineblut Schweineblut Schweineblut
Schweineblut Schweineblut Schweineblut
Schweineblut Schweineblut Schweineblut
Schweineblut Schweineblut Schweineblut
Schweineblut Schweineblut Schweineblut
Schweineblut Schweineblut Schweineblut
Schweineblut Schweineblut Schweineblut
Schweineblut Schweineblut Schweineblut
Schweineblut Schweineblut Schweineblut
Schweineblut Schweineblut Schweineblut
Schweineblut Schweineblut Schweineblut
Schweineblut Schweineblut Schweineblut
Schweineblut Schweineblut Schweineblut
Schweineblut Schweineblut Schweineblut
Schweineblut Schweineblut Schweineblut
Schweineblut Schweineblut Schweineblut
Schweineblut Schweineblut Schweineblut
Schweineblut Schweineblut Schweineblut
Schweineblut Schweineblut Schweineblut
Schweineblut Schweineblut Schweineblut
Schweineblut Schweineblut Schweineblut
Schweineblut Schweineblut Schweineblut
Schweineblut Schweineblut Schweineblut

Schweineblut Schweineblut Schweineblut
Schweineblut Schweineblut Schweineblut
Schweineblut Schweineblut Schweineblut
Schweineblut Schweineblut Schweineblut
Schweineblut Schweineblut Schweineblut
Schweineblut Schweineblut Schweineblut
Schweineblut Schweineblut Schweineblut
Schweineblut Schweineblut Schweineblut
Schweineblut Schweineblut Schweineblut
Schweineblut Schweineblut Schweineblut
Schweineblut Schweineblut Schweineblut
Schweineblut Schweineblut Schweineblut
Schweineblut Schweineblut Schweineblut
Schweineblut Schweineblut Schweineblut
Schweineblut Schweineblut Schweineblut
Schweineblut Schweineblut Schweineblut
Schweineblut Schweineblut Schweineblut
Schweineblut Schweineblut Schweineblut
Schweineblut Schweineblut Schweineblut
Schweineblut Schweineblut Schweineblut
Schweineblut Schweineblut Schweineblut
Schweineblut Schweineblut Schweineblut
Schweineblut Schweineblut Schweineblut
Schweineblut Schweineblut Schweineblut
Schweineblut Schweineblut Schweineblut
Schweineblut Schweineblut Schweineblut
Schweineblut Schweineblut Schweineblut
Schweineblut Schweineblut Schweineblut
Schweineblut Schweineblut Schweineblut
Schweineblut Schweineblut Schweineblut
Schweineblut Schweineblut Schweineblut
Schweineblut Schweineblut Schweineblut
Schweineblut Schweineblut Schweineblut
Schweineblut Schweineblut Schweineblut
Schweineblut Schweineblut Schweineblut
Schweineblut Schweineblut Schweineblut
Schweineblut Schweineblut Schweineblut
Schweineblut Schweineblut Schweineblut

Schweineblut Schweineblut Schweineblut
Schweineblut Schweineblut Schweineblut
Schweineblut Schweineblut Schweineblut
Schweineblut Schweineblut Schweineblut
Schweineblut Schweineblut Schweineblut
Schweineblut Schweineblut Schweineblut
Schweineblut Schweineblut Schweineblut
Schweineblut Schweineblut Schweineblut
Schweineblut Schweineblut Schweineblut
Schweineblut Schweineblut Schweineblut
Schweineblut Schweineblut Schweineblut
Schweineblut Schweineblut Schweineblut
Schweineblut Schweineblut Schweineblut
Schweineblut Schweineblut Schweineblut
Schweineblut Schweineblut Schweineblut
Schweineblut Schweineblut Schweineblut
Schweineblut Schweineblut Schweineblut
Schweineblut Schweineblut Schweineblut
Schweineblut Schweineblut Schweineblut
Schweineblut Schweineblut Schweineblut
Schweineblut Schweineblut Schweineblut
Schweineblut Schweineblut Schweineblut
Schweineblut Schweineblut Schweineblut
Schweineblut Schweineblut Schweineblut
Schweineblut Schweineblut Schweineblut
Schweineblut Schweineblut Schweineblut
Schweineblut Schweineblut Schweineblut
Schweineblut Schweineblut Schweineblut
Schweineblut Schweineblut Schweineblut
Schweineblut Schweineblut Schweineblut
Schweineblut Schweineblut Schweineblut
Schweineblut Schweineblut Schweineblut
Schweineblut Schweineblut Schweineblut
Schweineblut Schweineblut Schweineblut
Schweineblut Schweineblut Schweineblut
Schweineblut Schweineblut Schweineblut
Schweineblut Schweineblut Schweineblut
Schweineblut Schweineblut Schweineblut

Schweineblut Schweineblut Schweineblut
Schweineblut Schweineblut Schweineblut
Schweineblut Schweineblut Schweineblut
Schweineblut Schweineblut Schweineblut
Schweineblut Schweineblut Schweineblut
Schweineblut Schweineblut Schweineblut
Schweineblut Schweineblut Schweineblut
Schweineblut Schweineblut Schweineblut
Schweineblut Schweineblut Schweineblut
Schweineblut Schweineblut Schweineblut
Schweineblut Schweineblut Schweineblut
Schweineblut Schweineblut Schweineblut
Schweineblut Schweineblut Schweineblut
Schweineblut Schweineblut Schweineblut
Schweineblut Schweineblut Schweineblut
Schweineblut Schweineblut Schweineblut
Schweineblut Schweineblut Schweineblut
Schweineblut Schweineblut Schweineblut
Schweineblut Schweineblut Schweineblut
Schweineblut Schweineblut Schweineblut
Schweineblut Schweineblut Schweineblut
Schweineblut Schweineblut Schweineblut
Schweineblut Schweineblut Schweineblut
Schweineblut Schweineblut Schweineblut
Schweineblut Schweineblut Schweineblut
Schweineblut Schweineblut Schweineblut
Schweineblut Schweineblut Schweineblut
Schweineblut Schweineblut Schweineblut
Schweineblut Schweineblut Schweineblut
Schweineblut Schweineblut Schweineblut
Schweineblut Schweineblut Schweineblut
Schweineblut Schweineblut Schweineblut
Schweineblut Schweineblut Schweineblut
Schweineblut Schweineblut Schweineblut
Schweineblut Schweineblut Schweineblut
Schweineblut Schweineblut Schweineblut
Schweineblut Schweineblut Schweineblut
Schweineblut Schweineblut Schweineblut
Schweineblut Schweineblut Schweineblut

Schweineblut Schweineblut Schweineblut
Schweineblut Schweineblut Schweineblut
Schweineblut Schweineblut Schweineblut
Schweineblut Schweineblut Schweineblut
Schweineblut Schweineblut Schweineblut
Schweineblut Schweineblut Schweineblut
Schweineblut Schweineblut Schweineblut
Schweineblut Schweineblut Schweineblut
Schweineblut Schweineblut Schweineblut
Schweineblut Schweineblut Schweineblut
Schweineblut Schweineblut Schweineblut
Schweineblut Schweineblut Schweineblut
Schweineblut Schweineblut Schweineblut
Schweineblut Schweineblut Schweineblut
Schweineblut Schweineblut Schweineblut
Schweineblut Schweineblut Schweineblut
Schweineblut Schweineblut Schweineblut
Schweineblut Schweineblut Schweineblut
Schweineblut Schweineblut Schweineblut
Schweineblut Schweineblut Schweineblut
Schweineblut Schweineblut Schweineblut
Schweineblut Schweineblut Schweineblut
Schweineblut Schweineblut Schweineblut
Schweineblut Schweineblut Schweineblut
Schweineblut Schweineblut Schweineblut
Schweineblut Schweineblut Schweineblut
Schweineblut Schweineblut Schweineblut
Schweineblut Schweineblut Schweineblut
Schweineblut Schweineblut Schweineblut
Schweineblut Schweineblut Schweineblut
Schweineblut Schweineblut Schweineblut
Schweineblut Schweineblut Schweineblut
Schweineblut Schweineblut Schweineblut
Schweineblut Schweineblut Schweineblut
Schweineblut Schweineblut Schweineblut
Schweineblut Schweineblut Schweineblut
Schweineblut Schweineblut Schweineblut
Schweineblut Schweineblut Schweineblut

Schweineblut Schweineblut Schweineblut
Schweineblut Schweineblut Schweineblut
Schweineblut Schweineblut Schweineblut
Schweineblut Schweineblut Schweineblut
Schweineblut Schweineblut Schweineblut
Schweineblut Schweineblut Schweineblut
Schweineblut Schweineblut Schweineblut
Schweineblut Schweineblut Schweineblut
Schweineblut Schweineblut Schweineblut
Schweineblut Schweineblut Schweineblut
Schweineblut Schweineblut Schweineblut
Schweineblut Schweineblut Schweineblut
Schweineblut Schweineblut Schweineblut
Schweineblut Schweineblut Schweineblut
Schweineblut Schweineblut Schweineblut
Schweineblut Schweineblut Schweineblut
Schweineblut Schweineblut Schweineblut
Schweineblut Schweineblut Schweineblut
Schweineblut Schweineblut Schweineblut
Schweineblut Schweineblut Schweineblut
Schweineblut Schweineblut Schweineblut
Schweineblut Schweineblut Schweineblut
Schweineblut Schweineblut Schweineblut
Schweineblut Schweineblut Schweineblut
Schweineblut Schweineblut Schweineblut
Schweineblut Schweineblut Schweineblut
Schweineblut Schweineblut Schweineblut
Schweineblut Schweineblut Schweineblut
Schweineblut Schweineblut Schweineblut
Schweineblut Schweineblut Schweineblut
Schweineblut Schweineblut Schweineblut
Schweineblut Schweineblut Schweineblut
Schweineblut Schweineblut Schweineblut
Schweineblut Schweineblut Schweineblut
Schweineblut Schweineblut Schweineblut
Schweineblut Schweineblut Schweineblut
Schweineblut Schweineblut Schweineblut
Schweineblut Schweineblut Schweineblut

Schweineblut Schweineblut Schweineblut
Schweineblut Schweineblut Schweineblut
Schweineblut Schweineblut Schweineblut
Schweineblut Schweineblut Schweineblut
Schweineblut Schweineblut Schweineblut
Schweineblut Schweineblut Schweineblut
Schweineblut Schweineblut Schweineblut
Schweineblut Schweineblut Schweineblut
Schweineblut Schweineblut Schweineblut
Schweineblut Schweineblut Schweineblut
Schweineblut Schweineblut Schweineblut
Schweineblut Schweineblut Schweineblut
Schweineblut Schweineblut Schweineblut
Schweineblut Schweineblut Schweineblut
Schweineblut Schweineblut Schweineblut
Schweineblut Schweineblut Schweineblut
Schweineblut Schweineblut Schweineblut
Schweineblut Schweineblut Schweineblut
Schweineblut Schweineblut Schweineblut
Schweineblut Schweineblut Schweineblut
Schweineblut Schweineblut Schweineblut
Schweineblut Schweineblut Schweineblut
Schweineblut Schweineblut Schweineblut
Schweineblut Schweineblut Schweineblut
Schweineblut Schweineblut Schweineblut
Schweineblut Schweineblut Schweineblut
Schweineblut Schweineblut Schweineblut
Schweineblut Schweineblut Schweineblut
Schweineblut Schweineblut Schweineblut
Schweineblut Schweineblut Schweineblut
Schweineblut Schweineblut Schweineblut
Schweineblut Schweineblut Schweineblut
Schweineblut Schweineblut Schweineblut
Schweineblut Schweineblut Schweineblut
Schweineblut Schweineblut Schweineblut
Schweineblut Schweineblut Schweineblut
Schweineblut Schweineblut Schweineblut

Schweineblut Schweineblut Schweineblut
Schweineblut Schweineblut Schweineblut
Schweineblut Schweineblut Schweineblut
Schweineblut Schweineblut Schweineblut
Schweineblut Schweineblut Schweineblut
Schweineblut Schweineblut Schweineblut
Schweineblut Schweineblut Schweineblut
Schweineblut Schweineblut Schweineblut
Schweineblut Schweineblut Schweineblut
Schweineblut Schweineblut Schweineblut
Schweineblut Schweineblut Schweineblut
Schweineblut Schweineblut Schweineblut
Schweineblut Schweineblut Schweineblut
Schweineblut Schweineblut Schweineblut
Schweineblut Schweineblut Schweineblut
Schweineblut Schweineblut Schweineblut
Schweineblut Schweineblut Schweineblut
Schweineblut Schweineblut Schweineblut
Schweineblut Schweineblut Schweineblut
Schweineblut Schweineblut Schweineblut
Schweineblut Schweineblut Schweineblut
Schweineblut Schweineblut Schweineblut
Schweineblut Schweineblut Schweineblut
Schweineblut Schweineblut Schweineblut
Schweineblut Schweineblut Schweineblut
Schweineblut Schweineblut Schweineblut
Schweineblut Schweineblut Schweineblut
Schweineblut Schweineblut Schweineblut
Schweineblut Schweineblut Schweineblut
Schweineblut Schweineblut Schweineblut
Schweineblut Schweineblut Schweineblut
Schweineblut Schweineblut Schweineblut
Schweineblut Schweineblut Schweineblut
Schweineblut Schweineblut Schweineblut
Schweineblut Schweineblut Schweineblut
Schweineblut Schweineblut Schweineblut
Schweineblut Schweineblut Schweineblut

Schweineblut Schweineblut Schweineblut
Schweineblut Schweineblut Schweineblut
Schweineblut Schweineblut Schweineblut
Schweineblut Schweineblut Schweineblut
Schweineblut Schweineblut Schweineblut
Schweineblut Schweineblut Schweineblut
Schweineblut Schweineblut Schweineblut
Schweineblut Schweineblut Schweineblut
Schweineblut Schweineblut Schweineblut
Schweineblut Schweineblut Schweineblut
Schweineblut Schweineblut Schweineblut
Schweineblut Schweineblut Schweineblut
Schweineblut Schweineblut Schweineblut
Schweineblut Schweineblut Schweineblut
Schweineblut Schweineblut Schweineblut
Schweineblut Schweineblut Schweineblut
Schweineblut Schweineblut Schweineblut
Schweineblut Schweineblut Schweineblut
Schweineblut Schweineblut Schweineblut
Schweineblut Schweineblut Schweineblut
Schweineblut Schweineblut Schweineblut
Schweineblut Schweineblut Schweineblut
Schweineblut Schweineblut Schweineblut
Schweineblut Schweineblut Schweineblut
Schweineblut Schweineblut Schweineblut
Schweineblut Schweineblut Schweineblut
Schweineblut Schweineblut Schweineblut
Schweineblut Schweineblut Schweineblut
Schweineblut Schweineblut Schweineblut
Schweineblut Schweineblut Schweineblut
Schweineblut Schweineblut Schweineblut
Schweineblut Schweineblut Schweineblut
Schweineblut Schweineblut Schweineblut
Schweineblut Schweineblut Schweineblut
Schweineblut Schweineblut Schweineblut
Schweineblut Schweineblut Schweineblut
Schweineblut Schweineblut Schweineblut

Schweineblut Schweineblut Schweineblut
Schweineblut Schweineblut Schweineblut
Schweineblut Schweineblut Schweineblut
Schweineblut Schweineblut Schweineblut
Schweineblut Schweineblut Schweineblut
Schweineblut Schweineblut Schweineblut
Schweineblut Schweineblut Schweineblut
Schweineblut Schweineblut Schweineblut
Schweineblut Schweineblut Schweineblut
Schweineblut Schweineblut Schweineblut
Schweineblut Schweineblut Schweineblut
Schweineblut Schweineblut Schweineblut
Schweineblut Schweineblut Schweineblut
Schweineblut Schweineblut Schweineblut
Schweineblut Schweineblut Schweineblut
Schweineblut Schweineblut Schweineblut
Schweineblut Schweineblut Schweineblut
Schweineblut Schweineblut Schweineblut
Schweineblut Schweineblut Schweineblut
Schweineblut Schweineblut Schweineblut
Schweineblut Schweineblut Schweineblut
Schweineblut Schweineblut Schweineblut
Schweineblut Schweineblut Schweineblut
Schweineblut Schweineblut Schweineblut
Schweineblut Schweineblut Schweineblut
Schweineblut Schweineblut Schweineblut
Schweineblut Schweineblut Schweineblut
Schweineblut Schweineblut Schweineblut
Schweineblut Schweineblut Schweineblut
Schweineblut Schweineblut Schweineblut
Schweineblut Schweineblut Schweineblut
Schweineblut Schweineblut Schweineblut
Schweineblut Schweineblut Schweineblut
Schweineblut Schweineblut Schweineblut
Schweineblut Schweineblut Schweineblut
Schweineblut Schweineblut Schweineblut
Schweineblut Schweineblut Schweineblut
Schweineblut Schweineblut Schweineblut
Schweineblut Schweineblut Schweineblut

Schweineblut Schweineblut Schweineblut
Schweineblut Schweineblut Schweineblut
Schweineblut Schweineblut Schweineblut
Schweineblut Schweineblut Schweineblut
Schweineblut Schweineblut Schweineblut
Schweineblut Schweineblut Schweineblut
Schweineblut Schweineblut Schweineblut
Schweineblut Schweineblut Schweineblut
Schweineblut Schweineblut Schweineblut
Schweineblut Schweineblut Schweineblut
Schweineblut Schweineblut Schweineblut
Schweineblut Schweineblut Schweineblut
Schweineblut Schweineblut Schweineblut
Schweineblut Schweineblut Schweineblut
Schweineblut Schweineblut Schweineblut
Schweineblut Schweineblut Schweineblut
Schweineblut Schweineblut Schweineblut
Schweineblut Schweineblut Schweineblut
Schweineblut Schweineblut Schweineblut
Schweineblut Schweineblut Schweineblut
Schweineblut Schweineblut Schweineblut
Schweineblut Schweineblut Schweineblut
Schweineblut Schweineblut Schweineblut
Schweineblut Schweineblut Schweineblut
Schweineblut Schweineblut Schweineblut
Schweineblut Schweineblut Schweineblut
Schweineblut Schweineblut Schweineblut
Schweineblut Schweineblut Schweineblut
Schweineblut Schweineblut Schweineblut
Schweineblut Schweineblut Schweineblut
Schweineblut Schweineblut Schweineblut
Schweineblut Schweineblut Schweineblut
Schweineblut Schweineblut Schweineblut
Schweineblut Schweineblut Schweineblut
Schweineblut Schweineblut Schweineblut
Schweineblut Schweineblut Schweineblut
Schweineblut Schweineblut Schweineblut
Schweineblut Schweineblut Schweineblut

Schweineblut Schweineblut Schweineblut
Schweineblut Schweineblut Schweineblut
Schweineblut Schweineblut Schweineblut
Schweineblut Schweineblut Schweineblut
Schweineblut Schweineblut Schweineblut
Schweineblut Schweineblut Schweineblut
Schweineblut Schweineblut Schweineblut
Schweineblut Schweineblut Schweineblut
Schweineblut Schweineblut Schweineblut
Schweineblut Schweineblut Schweineblut
Schweineblut Schweineblut Schweineblut
Schweineblut Schweineblut Schweineblut
Schweineblut Schweineblut Schweineblut
Schweineblut Schweineblut Schweineblut
Schweineblut Schweineblut Schweineblut
Schweineblut Schweineblut Schweineblut
Schweineblut Schweineblut Schweineblut
Schweineblut Schweineblut Schweineblut
Schweineblut Schweineblut Schweineblut
Schweineblut Schweineblut Schweineblut
Schweineblut Schweineblut Schweineblut
Schweineblut Schweineblut Schweineblut
Schweineblut Schweineblut Schweineblut
Schweineblut Schweineblut Schweineblut
Schweineblut Schweineblut Schweineblut
Schweineblut Schweineblut Schweineblut
Schweineblut Schweineblut Schweineblut
Schweineblut Schweineblut Schweineblut
Schweineblut Schweineblut Schweineblut
Schweineblut Schweineblut Schweineblut
Schweineblut Schweineblut Schweineblut
Schweineblut Schweineblut Schweineblut
Schweineblut Schweineblut Schweineblut
Schweineblut Schweineblut Schweineblut
Schweineblut Schweineblut Schweineblut
Schweineblut Schweineblut Schweineblut
Schweineblut Schweineblut Schweineblut
Schweineblut Schweineblut Schweineblut
Schweineblut Schweineblut Schweineblut

Schweineblut Schweineblut Schweineblut
Schweineblut Schweineblut Schweineblut
Schweineblut Schweineblut Schweineblut
Schweineblut Schweineblut Schweineblut
Schweineblut Schweineblut Schweineblut
Schweineblut Schweineblut Schweineblut
Schweineblut Schweineblut Schweineblut
Schweineblut Schweineblut Schweineblut
Schweineblut Schweineblut Schweineblut
Schweineblut Schweineblut Schweineblut
Schweineblut Schweineblut Schweineblut
Schweineblut Schweineblut Schweineblut
Schweineblut Schweineblut Schweineblut
Schweineblut Schweineblut Schweineblut
Schweineblut Schweineblut Schweineblut
Schweineblut Schweineblut Schweineblut
Schweineblut Schweineblut Schweineblut
Schweineblut Schweineblut Schweineblut
Schweineblut Schweineblut Schweineblut
Schweineblut Schweineblut Schweineblut
Schweineblut Schweineblut Schweineblut
Schweineblut Schweineblut Schweineblut
Schweineblut Schweineblut Schweineblut
Schweineblut Schweineblut Schweineblut
Schweineblut Schweineblut Schweineblut
Schweineblut Schweineblut Schweineblut
Schweineblut Schweineblut Schweineblut
Schweineblut Schweineblut Schweineblut
Schweineblut Schweineblut Schweineblut
Schweineblut Schweineblut Schweineblut
Schweineblut Schweineblut Schweineblut
Schweineblut Schweineblut Schweineblut
Schweineblut Schweineblut Schweineblut
Schweineblut Schweineblut Schweineblut
Schweineblut Schweineblut Schweineblut
Schweineblut Schweineblut Schweineblut
Schweineblut Schweineblut Schweineblut

Schweineblut Schweineblut Schweineblut
Schweineblut Schweineblut Schweineblut
Schweineblut Schweineblut Schweineblut
Schweineblut Schweineblut Schweineblut
Schweineblut Schweineblut Schweineblut
Schweineblut Schweineblut Schweineblut
Schweineblut Schweineblut Schweineblut
Schweineblut Schweineblut Schweineblut
Schweineblut Schweineblut Schweineblut
Schweineblut Schweineblut Schweineblut
Schweineblut Schweineblut Schweineblut
Schweineblut Schweineblut Schweineblut
Schweineblut Schweineblut Schweineblut
Schweineblut Schweineblut Schweineblut
Schweineblut Schweineblut Schweineblut
Schweineblut Schweineblut Schweineblut
Schweineblut Schweineblut Schweineblut
Schweineblut Schweineblut Schweineblut
Schweineblut Schweineblut Schweineblut
Schweineblut Schweineblut Schweineblut
Schweineblut Schweineblut Schweineblut
Schweineblut Schweineblut Schweineblut
Schweineblut Schweineblut Schweineblut
Schweineblut Schweineblut Schweineblut
Schweineblut Schweineblut Schweineblut
Schweineblut Schweineblut Schweineblut
Schweineblut Schweineblut Schweineblut
Schweineblut Schweineblut Schweineblut
Schweineblut Schweineblut Schweineblut
Schweineblut Schweineblut Schweineblut
Schweineblut Schweineblut Schweineblut
Schweineblut Schweineblut Schweineblut
Schweineblut Schweineblut Schweineblut
Schweineblut Schweineblut Schweineblut
Schweineblut Schweineblut Schweineblut
Schweineblut Schweineblut Schweineblut
Schweineblut Schweineblut Schweineblut
Schweineblut Schweineblut Schweineblut
Schweineblut Schweineblut Schweineblut

Schweineblut Schweineblut Schweineblut
Schweineblut Schweineblut Schweineblut
Schweineblut Schweineblut Schweineblut
Schweineblut Schweineblut Schweineblut
Schweineblut Schweineblut Schweineblut
Schweineblut Schweineblut Schweineblut
Schweineblut Schweineblut Schweineblut
Schweineblut Schweineblut Schweineblut
Schweineblut Schweineblut Schweineblut
Schweineblut Schweineblut Schweineblut
Schweineblut Schweineblut Schweineblut
Schweineblut Schweineblut Schweineblut
Schweineblut Schweineblut Schweineblut
Schweineblut Schweineblut Schweineblut
Schweineblut Schweineblut Schweineblut
Schweineblut Schweineblut Schweineblut
Schweineblut Schweineblut Schweineblut
Schweineblut Schweineblut Schweineblut
Schweineblut Schweineblut Schweineblut
Schweineblut Schweineblut Schweineblut
Schweineblut Schweineblut Schweineblut
Schweineblut Schweineblut Schweineblut
Schweineblut Schweineblut Schweineblut
Schweineblut Schweineblut Schweineblut
Schweineblut Schweineblut Schweineblut
Schweineblut Schweineblut Schweineblut
Schweineblut Schweineblut Schweineblut
Schweineblut Schweineblut Schweineblut
Schweineblut Schweineblut Schweineblut
Schweineblut Schweineblut Schweineblut
Schweineblut Schweineblut Schweineblut
Schweineblut Schweineblut Schweineblut
Schweineblut Schweineblut Schweineblut
Schweineblut Schweineblut Schweineblut
Schweineblut Schweineblut Schweineblut
Schweineblut Schweineblut Schweineblut
Schweineblut Schweineblut Schweineblut
Schweineblut Schweineblut Schweineblut

Schweineblut Schweineblut Schweineblut
Schweineblut Schweineblut Schweineblut
Schweineblut Schweineblut Schweineblut
Schweineblut Schweineblut Schweineblut
Schweineblut Schweineblut Schweineblut
Schweineblut Schweineblut Schweineblut
Schweineblut Schweineblut Schweineblut
Schweineblut Schweineblut Schweineblut
Schweineblut Schweineblut Schweineblut
Schweineblut Schweineblut Schweineblut
Schweineblut Schweineblut Schweineblut
Schweineblut Schweineblut Schweineblut
Schweineblut Schweineblut Schweineblut
Schweineblut Schweineblut Schweineblut
Schweineblut Schweineblut Schweineblut
Schweineblut Schweineblut Schweineblut
Schweineblut Schweineblut Schweineblut
Schweineblut Schweineblut Schweineblut
Schweineblut Schweineblut Schweineblut
Schweineblut Schweineblut Schweineblut
Schweineblut Schweineblut Schweineblut
Schweineblut Schweineblut Schweineblut
Schweineblut Schweineblut Schweineblut
Schweineblut Schweineblut Schweineblut
Schweineblut Schweineblut Schweineblut
Schweineblut Schweineblut Schweineblut
Schweineblut Schweineblut Schweineblut
Schweineblut Schweineblut Schweineblut
Schweineblut Schweineblut Schweineblut
Schweineblut Schweineblut Schweineblut
Schweineblut Schweineblut Schweineblut
Schweineblut Schweineblut Schweineblut
Schweineblut Schweineblut Schweineblut
Schweineblut Schweineblut Schweineblut
Schweineblut Schweineblut Schweineblut
Schweineblut Schweineblut Schweineblut
Schweineblut Schweineblut Schweineblut

Schweineblut Schweineblut Schweineblut
Schweineblut Schweineblut Schweineblut
Schweineblut Schweineblut Schweineblut
Schweineblut Schweineblut Schweineblut
Schweineblut Schweineblut Schweineblut
Schweineblut Schweineblut Schweineblut
Schweineblut Schweineblut Schweineblut
Schweineblut Schweineblut Schweineblut
Schweineblut Schweineblut Schweineblut
Schweineblut Schweineblut Schweineblut
Schweineblut Schweineblut Schweineblut
Schweineblut Schweineblut Schweineblut
Schweineblut Schweineblut Schweineblut
Schweineblut Schweineblut Schweineblut
Schweineblut Schweineblut Schweineblut
Schweineblut Schweineblut Schweineblut
Schweineblut Schweineblut Schweineblut
Schweineblut Schweineblut Schweineblut
Schweineblut Schweineblut Schweineblut
Schweineblut Schweineblut Schweineblut
Schweineblut Schweineblut Schweineblut
Schweineblut Schweineblut Schweineblut
Schweineblut Schweineblut Schweineblut
Schweineblut Schweineblut Schweineblut
Schweineblut Schweineblut Schweineblut
Schweineblut Schweineblut Schweineblut
Schweineblut Schweineblut Schweineblut
Schweineblut Schweineblut Schweineblut
Schweineblut Schweineblut Schweineblut
Schweineblut Schweineblut Schweineblut
Schweineblut Schweineblut Schweineblut
Schweineblut Schweineblut Schweineblut
Schweineblut Schweineblut Schweineblut
Schweineblut Schweineblut Schweineblut
Schweineblut Schweineblut Schweineblut
Schweineblut Schweineblut Schweineblut
Schweineblut Schweineblut Schweineblut
Schweineblut Schweineblut Schweineblut
Schweineblut Schweineblut Schweineblut

Schweineblut Schweineblut Schweineblut
Schweineblut Schweineblut Schweineblut
Schweineblut Schweineblut Schweineblut
Schweineblut Schweineblut Schweineblut
Schweineblut Schweineblut Schweineblut
Schweineblut Schweineblut Schweineblut
Schweineblut Schweineblut Schweineblut
Schweineblut Schweineblut Schweineblut
Schweineblut Schweineblut Schweineblut
Schweineblut Schweineblut Schweineblut
Schweineblut Schweineblut Schweineblut
Schweineblut Schweineblut Schweineblut
Schweineblut Schweineblut Schweineblut
Schweineblut Schweineblut Schweineblut
Schweineblut Schweineblut Schweineblut
Schweineblut Schweineblut Schweineblut
Schweineblut Schweineblut Schweineblut
Schweineblut Schweineblut Schweineblut
Schweineblut Schweineblut Schweineblut
Schweineblut Schweineblut Schweineblut
Schweineblut Schweineblut Schweineblut
Schweineblut Schweineblut Schweineblut
Schweineblut Schweineblut Schweineblut
Schweineblut Schweineblut Schweineblut
Schweineblut Schweineblut Schweineblut
Schweineblut Schweineblut Schweineblut
Schweineblut Schweineblut Schweineblut
Schweineblut Schweineblut Schweineblut
Schweineblut Schweineblut Schweineblut
Schweineblut Schweineblut Schweineblut
Schweineblut Schweineblut Schweineblut
Schweineblut Schweineblut Schweineblut
Schweineblut Schweineblut Schweineblut
Schweineblut Schweineblut Schweineblut
Schweineblut Schweineblut Schweineblut
Schweineblut Schweineblut Schweineblut
Schweineblut Schweineblut Schweineblut

Schweineblut Schweineblut Schweineblut
Schweineblut Schweineblut Schweineblut
Schweineblut Schweineblut Schweineblut
Schweineblut Schweineblut Schweineblut
Schweineblut Schweineblut Schweineblut
Schweineblut Schweineblut Schweineblut
Schweineblut Schweineblut Schweineblut
Schweineblut Schweineblut Schweineblut
Schweineblut Schweineblut Schweineblut
Schweineblut Schweineblut Schweineblut
Schweineblut Schweineblut Schweineblut
Schweineblut Schweineblut Schweineblut
Schweineblut Schweineblut Schweineblut
Schweineblut Schweineblut Schweineblut
Schweineblut Schweineblut Schweineblut
Schweineblut Schweineblut Schweineblut
Schweineblut Schweineblut Schweineblut
Schweineblut Schweineblut Schweineblut
Schweineblut Schweineblut Schweineblut
Schweineblut Schweineblut Schweineblut
Schweineblut Schweineblut Schweineblut
Schweineblut Schweineblut Schweineblut
Schweineblut Schweineblut Schweineblut
Schweineblut Schweineblut Schweineblut
Schweineblut Schweineblut Schweineblut
Schweineblut Schweineblut Schweineblut
Schweineblut Schweineblut Schweineblut
Schweineblut Schweineblut Schweineblut
Schweineblut Schweineblut Schweineblut
Schweineblut Schweineblut Schweineblut
Schweineblut Schweineblut Schweineblut
Schweineblut Schweineblut Schweineblut
Schweineblut Schweineblut Schweineblut
Schweineblut Schweineblut Schweineblut
Schweineblut Schweineblut Schweineblut
Schweineblut Schweineblut Schweineblut
Schweineblut Schweineblut Schweineblut

Schweineblut Schweineblut Schweineblut
Schweineblut Schweineblut Schweineblut
Schweineblut Schweineblut Schweineblut
Schweineblut Schweineblut Schweineblut
Schweineblut Schweineblut Schweineblut
Schweineblut Schweineblut Schweineblut
Schweineblut Schweineblut Schweineblut
Schweineblut Schweineblut Schweineblut
Schweineblut Schweineblut Schweineblut
Schweineblut Schweineblut Schweineblut
Schweineblut Schweineblut Schweineblut
Schweineblut Schweineblut Schweineblut
Schweineblut Schweineblut Schweineblut
Schweineblut Schweineblut Schweineblut
Schweineblut Schweineblut Schweineblut
Schweineblut Schweineblut Schweineblut
Schweineblut Schweineblut Schweineblut
Schweineblut Schweineblut Schweineblut
Schweineblut Schweineblut Schweineblut
Schweineblut Schweineblut Schweineblut
Schweineblut Schweineblut Schweineblut
Schweineblut Schweineblut Schweineblut
Schweineblut Schweineblut Schweineblut
Schweineblut Schweineblut Schweineblut
Schweineblut Schweineblut Schweineblut
Schweineblut Schweineblut Schweineblut
Schweineblut Schweineblut Schweineblut
Schweineblut Schweineblut Schweineblut
Schweineblut Schweineblut Schweineblut
Schweineblut Schweineblut Schweineblut
Schweineblut Schweineblut Schweineblut
Schweineblut Schweineblut Schweineblut
Schweineblut Schweineblut Schweineblut
Schweineblut Schweineblut Schweineblut
Schweineblut Schweineblut Schweineblut
Schweineblut Schweineblut Schweineblut
Schweineblut Schweineblut Schweineblut

Schweineblut Schweineblut Schweineblut
Schweineblut Schweineblut Schweineblut
Schweineblut Schweineblut Schweineblut
Schweineblut Schweineblut Schweineblut
Schweineblut Schweineblut Schweineblut
Schweineblut Schweineblut Schweineblut
Schweineblut Schweineblut Schweineblut
Schweineblut Schweineblut Schweineblut
Schweineblut Schweineblut Schweineblut
Schweineblut Schweineblut Schweineblut
Schweineblut Schweineblut Schweineblut
Schweineblut Schweineblut Schweineblut
Schweineblut Schweineblut Schweineblut
Schweineblut Schweineblut Schweineblut
Schweineblut Schweineblut Schweineblut
Schweineblut Schweineblut Schweineblut
Schweineblut Schweineblut Schweineblut
Schweineblut Schweineblut Schweineblut
Schweineblut Schweineblut Schweineblut
Schweineblut Schweineblut Schweineblut
Schweineblut Schweineblut Schweineblut
Schweineblut Schweineblut Schweineblut
Schweineblut Schweineblut Schweineblut
Schweineblut Schweineblut Schweineblut
Schweineblut Schweineblut Schweineblut
Schweineblut Schweineblut Schweineblut
Schweineblut Schweineblut Schweineblut
Schweineblut Schweineblut Schweineblut
Schweineblut Schweineblut Schweineblut
Schweineblut Schweineblut Schweineblut
Schweineblut Schweineblut Schweineblut
Schweineblut Schweineblut Schweineblut
Schweineblut Schweineblut Schweineblut
Schweineblut Schweineblut Schweineblut
Schweineblut Schweineblut Schweineblut
Schweineblut Schweineblut Schweineblut
Schweineblut Schweineblut Schweineblut
Schweineblut Schweineblut Schweineblut

Schweineblut Schweineblut Schweineblut
Schweineblut Schweineblut Schweineblut
Schweineblut Schweineblut Schweineblut
Schweineblut Schweineblut Schweineblut
Schweineblut Schweineblut Schweineblut
Schweineblut Schweineblut Schweineblut
Schweineblut Schweineblut Schweineblut
Schweineblut Schweineblut Schweineblut
Schweineblut Schweineblut Schweineblut
Schweineblut Schweineblut Schweineblut
Schweineblut Schweineblut Schweineblut
Schweineblut Schweineblut Schweineblut
Schweineblut Schweineblut Schweineblut
Schweineblut Schweineblut Schweineblut
Schweineblut Schweineblut Schweineblut
Schweineblut Schweineblut Schweineblut
Schweineblut Schweineblut Schweineblut
Schweineblut Schweineblut Schweineblut
Schweineblut Schweineblut Schweineblut
Schweineblut Schweineblut Schweineblut
Schweineblut Schweineblut Schweineblut
Schweineblut Schweineblut Schweineblut
Schweineblut Schweineblut Schweineblut
Schweineblut Schweineblut Schweineblut
Schweineblut Schweineblut Schweineblut
Schweineblut Schweineblut Schweineblut
Schweineblut Schweineblut Schweineblut
Schweineblut Schweineblut Schweineblut
Schweineblut Schweineblut Schweineblut
Schweineblut Schweineblut Schweineblut
Schweineblut Schweineblut Schweineblut
Schweineblut Schweineblut Schweineblut
Schweineblut Schweineblut Schweineblut
Schweineblut Schweineblut Schweineblut
Schweineblut Schweineblut Schweineblut
Schweineblut Schweineblut Schweineblut
Schweineblut Schweineblut Schweineblut
Schweineblut Schweineblut Schweineblut
Schweineblut Schweineblut Schweineblut

Schweineblut Schweineblut Schweineblut
Schweineblut Schweineblut Schweineblut
Schweineblut Schweineblut Schweineblut
Schweineblut Schweineblut Schweineblut
Schweineblut Schweineblut Schweineblut
Schweineblut Schweineblut Schweineblut
Schweineblut Schweineblut Schweineblut
Schweineblut Schweineblut Schweineblut
Schweineblut Schweineblut Schweineblut
Schweineblut Schweineblut Schweineblut
Schweineblut Schweineblut Schweineblut
Schweineblut Schweineblut Schweineblut
Schweineblut Schweineblut Schweineblut
Schweineblut Schweineblut Schweineblut
Schweineblut Schweineblut Schweineblut
Schweineblut Schweineblut Schweineblut
Schweineblut Schweineblut Schweineblut
Schweineblut Schweineblut Schweineblut
Schweineblut Schweineblut Schweineblut
Schweineblut Schweineblut Schweineblut
Schweineblut Schweineblut Schweineblut
Schweineblut Schweineblut Schweineblut
Schweineblut Schweineblut Schweineblut
Schweineblut Schweineblut Schweineblut
Schweineblut Schweineblut Schweineblut
Schweineblut Schweineblut Schweineblut
Schweineblut Schweineblut Schweineblut
Schweineblut Schweineblut Schweineblut
Schweineblut Schweineblut Schweineblut
Schweineblut Schweineblut Schweineblut
Schweineblut Schweineblut Schweineblut
Schweineblut Schweineblut Schweineblut
Schweineblut Schweineblut Schweineblut
Schweineblut Schweineblut Schweineblut
Schweineblut Schweineblut Schweineblut
Schweineblut Schweineblut Schweineblut
Schweineblut Schweineblut Schweineblut
Schweineblut Schweineblut Schweineblut

Schweineblut Schweineblut Schweineblut
Schweineblut Schweineblut Schweineblut
Schweineblut Schweineblut Schweineblut
Schweineblut Schweineblut Schweineblut
Schweineblut Schweineblut Schweineblut
Schweineblut Schweineblut Schweineblut
Schweineblut Schweineblut Schweineblut
Schweineblut Schweineblut Schweineblut
Schweineblut Schweineblut Schweineblut
Schweineblut Schweineblut Schweineblut
Schweineblut Schweineblut Schweineblut
Schweineblut Schweineblut Schweineblut
Schweineblut Schweineblut Schweineblut
Schweineblut Schweineblut Schweineblut
Schweineblut Schweineblut Schweineblut
Schweineblut Schweineblut Schweineblut
Schweineblut Schweineblut Schweineblut
Schweineblut Schweineblut Schweineblut
Schweineblut Schweineblut Schweineblut
Schweineblut Schweineblut Schweineblut
Schweineblut Schweineblut Schweineblut
Schweineblut Schweineblut Schweineblut
Schweineblut Schweineblut Schweineblut
Schweineblut Schweineblut Schweineblut
Schweineblut Schweineblut Schweineblut
Schweineblut Schweineblut Schweineblut
Schweineblut Schweineblut Schweineblut
Schweineblut Schweineblut Schweineblut
Schweineblut Schweineblut Schweineblut
Schweineblut Schweineblut Schweineblut
Schweineblut Schweineblut Schweineblut
Schweineblut Schweineblut Schweineblut
Schweineblut Schweineblut Schweineblut
Schweineblut Schweineblut Schweineblut
Schweineblut Schweineblut Schweineblut
Schweineblut Schweineblut Schweineblut
Schweineblut Schweineblut Schweineblut
Schweineblut Schweineblut Schweineblut
Schweineblut Schweineblut Schweineblut

Schweineblut Schweineblut Schweineblut
Schweineblut Schweineblut Schweineblut
Schweineblut Schweineblut Schweineblut
Schweineblut Schweineblut Schweineblut
Schweineblut Schweineblut Schweineblut
Schweineblut Schweineblut Schweineblut
Schweineblut Schweineblut Schweineblut
Schweineblut Schweineblut Schweineblut
Schweineblut Schweineblut Schweineblut
Schweineblut Schweineblut Schweineblut
Schweineblut Schweineblut Schweineblut
Schweineblut Schweineblut Schweineblut
Schweineblut Schweineblut Schweineblut
Schweineblut Schweineblut Schweineblut
Schweineblut Schweineblut Schweineblut
Schweineblut Schweineblut Schweineblut
Schweineblut Schweineblut Schweineblut
Schweineblut Schweineblut Schweineblut
Schweineblut Schweineblut Schweineblut
Schweineblut Schweineblut Schweineblut
Schweineblut Schweineblut Schweineblut
Schweineblut Schweineblut Schweineblut
Schweineblut Schweineblut Schweineblut
Schweineblut Schweineblut Schweineblut
Schweineblut Schweineblut Schweineblut
Schweineblut Schweineblut Schweineblut
Schweineblut Schweineblut Schweineblut
Schweineblut Schweineblut Schweineblut
Schweineblut Schweineblut Schweineblut
Schweineblut Schweineblut Schweineblut
Schweineblut Schweineblut Schweineblut
Schweineblut Schweineblut Schweineblut
Schweineblut Schweineblut Schweineblut
Schweineblut Schweineblut Schweineblut
Schweineblut Schweineblut Schweineblut
Schweineblut Schweineblut Schweineblut
Schweineblut Schweineblut Schweineblut
Schweineblut Schweineblut Schweineblut
Schweineblut Schweineblut Schweineblut

Schweineblut Schweineblut Schweineblut
Schweineblut Schweineblut Schweineblut
Schweineblut Schweineblut Schweineblut
Schweineblut Schweineblut Schweineblut
Schweineblut Schweineblut Schweineblut
Schweineblut Schweineblut Schweineblut
Schweineblut Schweineblut Schweineblut
Schweineblut Schweineblut Schweineblut
Schweineblut Schweineblut Schweineblut
Schweineblut Schweineblut Schweineblut
Schweineblut Schweineblut Schweineblut
Schweineblut Schweineblut Schweineblut
Schweineblut Schweineblut Schweineblut
Schweineblut Schweineblut Schweineblut
Schweineblut Schweineblut Schweineblut
Schweineblut Schweineblut Schweineblut
Schweineblut Schweineblut Schweineblut
Schweineblut Schweineblut Schweineblut
Schweineblut Schweineblut Schweineblut
Schweineblut Schweineblut Schweineblut
Schweineblut Schweineblut Schweineblut
Schweineblut Schweineblut Schweineblut
Schweineblut Schweineblut Schweineblut
Schweineblut Schweineblut Schweineblut
Schweineblut Schweineblut Schweineblut
Schweineblut Schweineblut Schweineblut
Schweineblut Schweineblut Schweineblut
Schweineblut Schweineblut Schweineblut
Schweineblut Schweineblut Schweineblut
Schweineblut Schweineblut Schweineblut
Schweineblut Schweineblut Schweineblut
Schweineblut Schweineblut Schweineblut
Schweineblut Schweineblut Schweineblut
Schweineblut Schweineblut Schweineblut
Schweineblut Schweineblut Schweineblut
Schweineblut Schweineblut Schweineblut
Schweineblut Schweineblut Schweineblut
Schweineblut Schweineblut Schweineblut

Schweineblut Schweineblut Schweineblut
Schweineblut Schweineblut Schweineblut
Schweineblut Schweineblut Schweineblut
Schweineblut Schweineblut Schweineblut
Schweineblut Schweineblut Schweineblut
Schweineblut Schweineblut Schweineblut
Schweineblut Schweineblut Schweineblut
Schweineblut Schweineblut Schweineblut
Schweineblut Schweineblut Schweineblut
Schweineblut Schweineblut Schweineblut
Schweineblut Schweineblut Schweineblut
Schweineblut Schweineblut Schweineblut
Schweineblut Schweineblut Schweineblut
Schweineblut Schweineblut Schweineblut
Schweineblut Schweineblut Schweineblut
Schweineblut Schweineblut Schweineblut
Schweineblut Schweineblut Schweineblut
Schweineblut Schweineblut Schweineblut
Schweineblut Schweineblut Schweineblut
Schweineblut Schweineblut Schweineblut
Schweineblut Schweineblut Schweineblut
Schweineblut Schweineblut Schweineblut
Schweineblut Schweineblut Schweineblut
Schweineblut Schweineblut Schweineblut
Schweineblut Schweineblut Schweineblut
Schweineblut Schweineblut Schweineblut
Schweineblut Schweineblut Schweineblut
Schweineblut Schweineblut Schweineblut
Schweineblut Schweineblut Schweineblut
Schweineblut Schweineblut Schweineblut
Schweineblut Schweineblut Schweineblut
Schweineblut Schweineblut Schweineblut
Schweineblut Schweineblut Schweineblut
Schweineblut Schweineblut Schweineblut
Schweineblut Schweineblut Schweineblut
Schweineblut Schweineblut Schweineblut
Schweineblut Schweineblut Schweineblut
Schweineblut Schweineblut Schweineblut

Schweineblut Schweineblut Schweineblut
Schweineblut Schweineblut Schweineblut
Schweineblut Schweineblut Schweineblut
Schweineblut Schweineblut Schweineblut
Schweineblut Schweineblut Schweineblut
Schweineblut Schweineblut Schweineblut
Schweineblut Schweineblut Schweineblut
Schweineblut Schweineblut Schweineblut
Schweineblut Schweineblut Schweineblut
Schweineblut Schweineblut Schweineblut
Schweineblut Schweineblut Schweineblut
Schweineblut Schweineblut Schweineblut
Schweineblut Schweineblut Schweineblut
Schweineblut Schweineblut Schweineblut
Schweineblut Schweineblut Schweineblut
Schweineblut Schweineblut Schweineblut
Schweineblut Schweineblut Schweineblut
Schweineblut Schweineblut Schweineblut
Schweineblut Schweineblut Schweineblut
Schweineblut Schweineblut Schweineblut
Schweineblut Schweineblut Schweineblut
Schweineblut Schweineblut Schweineblut
Schweineblut Schweineblut Schweineblut
Schweineblut Schweineblut Schweineblut
Schweineblut Schweineblut Schweineblut
Schweineblut Schweineblut Schweineblut
Schweineblut Schweineblut Schweineblut
Schweineblut Schweineblut Schweineblut
Schweineblut Schweineblut Schweineblut
Schweineblut Schweineblut Schweineblut
Schweineblut Schweineblut Schweineblut
Schweineblut Schweineblut Schweineblut
Schweineblut Schweineblut Schweineblut
Schweineblut Schweineblut Schweineblut
Schweineblut Schweineblut Schweineblut
Schweineblut Schweineblut Schweineblut
Schweineblut Schweineblut Schweineblut
Schweineblut Schweineblut Schweineblut
Schweineblut Schweineblut Schweineblut

Schweineblut Schweineblut Schweineblut
Schweineblut Schweineblut Schweineblut
Schweineblut Schweineblut Schweineblut
Schweineblut Schweineblut Schweineblut
Schweineblut Schweineblut Schweineblut
Schweineblut Schweineblut Schweineblut
Schweineblut Schweineblut Schweineblut
Schweineblut Schweineblut Schweineblut
Schweineblut Schweineblut Schweineblut
Schweineblut Schweineblut Schweineblut
Schweineblut Schweineblut Schweineblut
Schweineblut Schweineblut Schweineblut
Schweineblut Schweineblut Schweineblut
Schweineblut Schweineblut Schweineblut
Schweineblut Schweineblut Schweineblut
Schweineblut Schweineblut Schweineblut
Schweineblut Schweineblut Schweineblut
Schweineblut Schweineblut Schweineblut
Schweineblut Schweineblut Schweineblut
Schweineblut Schweineblut Schweineblut
Schweineblut Schweineblut Schweineblut
Schweineblut Schweineblut Schweineblut
Schweineblut Schweineblut Schweineblut
Schweineblut Schweineblut Schweineblut
Schweineblut Schweineblut Schweineblut
Schweineblut Schweineblut Schweineblut
Schweineblut Schweineblut Schweineblut
Schweineblut Schweineblut Schweineblut
Schweineblut Schweineblut Schweineblut
Schweineblut Schweineblut Schweineblut
Schweineblut Schweineblut Schweineblut
Schweineblut Schweineblut Schweineblut
Schweineblut Schweineblut Schweineblut
Schweineblut Schweineblut Schweineblut
Schweineblut Schweineblut Schweineblut
Schweineblut Schweineblut Schweineblut
Schweineblut Schweineblut Schweineblut

Schweineblut Schweineblut Schweineblut
Schweineblut Schweineblut Schweineblut
Schweineblut Schweineblut Schweineblut
Schweineblut Schweineblut Schweineblut
Schweineblut Schweineblut Schweineblut
Schweineblut Schweineblut Schweineblut
Schweineblut Schweineblut Schweineblut
Schweineblut Schweineblut Schweineblut
Schweineblut Schweineblut Schweineblut
Schweineblut Schweineblut Schweineblut
Schweineblut Schweineblut Schweineblut
Schweineblut Schweineblut Schweineblut
Schweineblut Schweineblut Schweineblut
Schweineblut Schweineblut Schweineblut
Schweineblut Schweineblut Schweineblut
Schweineblut Schweineblut Schweineblut
Schweineblut Schweineblut Schweineblut
Schweineblut Schweineblut Schweineblut
Schweineblut Schweineblut Schweineblut
Schweineblut Schweineblut Schweineblut
Schweineblut Schweineblut Schweineblut
Schweineblut Schweineblut Schweineblut
Schweineblut Schweineblut Schweineblut
Schweineblut Schweineblut Schweineblut
Schweineblut Schweineblut Schweineblut
Schweineblut Schweineblut Schweineblut
Schweineblut Schweineblut Schweineblut
Schweineblut Schweineblut Schweineblut
Schweineblut Schweineblut Schweineblut
Schweineblut Schweineblut Schweineblut
Schweineblut Schweineblut Schweineblut
Schweineblut Schweineblut Schweineblut
Schweineblut Schweineblut Schweineblut
Schweineblut Schweineblut Schweineblut
Schweineblut Schweineblut Schweineblut
Schweineblut Schweineblut Schweineblut
Schweineblut Schweineblut Schweineblut
Schweineblut Schweineblut Schweineblut
Schweineblut Schweineblut Schweineblut

Schweineblut Schweineblut Schweineblut
Schweineblut Schweineblut Schweineblut
Schweineblut Schweineblut Schweineblut
Schweineblut Schweineblut Schweineblut
Schweineblut Schweineblut Schweineblut
Schweineblut Schweineblut Schweineblut
Schweineblut Schweineblut Schweineblut
Schweineblut Schweineblut Schweineblut
Schweineblut Schweineblut Schweineblut
Schweineblut Schweineblut Schweineblut
Schweineblut Schweineblut Schweineblut
Schweineblut Schweineblut Schweineblut
Schweineblut Schweineblut Schweineblut
Schweineblut Schweineblut Schweineblut
Schweineblut Schweineblut Schweineblut
Schweineblut Schweineblut Schweineblut
Schweineblut Schweineblut Schweineblut
Schweineblut Schweineblut Schweineblut
Schweineblut Schweineblut Schweineblut
Schweineblut Schweineblut Schweineblut
Schweineblut Schweineblut Schweineblut
Schweineblut Schweineblut Schweineblut
Schweineblut Schweineblut Schweineblut
Schweineblut Schweineblut Schweineblut
Schweineblut Schweineblut Schweineblut
Schweineblut Schweineblut Schweineblut
Schweineblut Schweineblut Schweineblut
Schweineblut Schweineblut Schweineblut
Schweineblut Schweineblut Schweineblut
Schweineblut Schweineblut Schweineblut
Schweineblut Schweineblut Schweineblut
Schweineblut Schweineblut Schweineblut
Schweineblut Schweineblut Schweineblut
Schweineblut Schweineblut Schweineblut
Schweineblut Schweineblut Schweineblut
Schweineblut Schweineblut Schweineblut
Schweineblut Schweineblut Schweineblut
Schweineblut Schweineblut Schweineblut
Schweineblut Schweineblut Schweineblut

Schweineblut Schweineblut Schweineblut
Schweineblut Schweineblut Schweineblut
Schweineblut Schweineblut Schweineblut
Schweineblut Schweineblut Schweineblut
Schweineblut Schweineblut Schweineblut
Schweineblut Schweineblut Schweineblut
Schweineblut Schweineblut Schweineblut
Schweineblut Schweineblut Schweineblut
Schweineblut Schweineblut Schweineblut
Schweineblut Schweineblut Schweineblut
Schweineblut Schweineblut Schweineblut
Schweineblut Schweineblut Schweineblut
Schweineblut Schweineblut Schweineblut
Schweineblut Schweineblut Schweineblut
Schweineblut Schweineblut Schweineblut
Schweineblut Schweineblut Schweineblut
Schweineblut Schweineblut Schweineblut
Schweineblut Schweineblut Schweineblut
Schweineblut Schweineblut Schweineblut
Schweineblut Schweineblut Schweineblut
Schweineblut Schweineblut Schweineblut
Schweineblut Schweineblut Schweineblut
Schweineblut Schweineblut Schweineblut
Schweineblut Schweineblut Schweineblut
Schweineblut Schweineblut Schweineblut
Schweineblut Schweineblut Schweineblut
Schweineblut Schweineblut Schweineblut
Schweineblut Schweineblut Schweineblut
Schweineblut Schweineblut Schweineblut
Schweineblut Schweineblut Schweineblut
Schweineblut Schweineblut Schweineblut
Schweineblut Schweineblut Schweineblut
Schweineblut Schweineblut Schweineblut
Schweineblut Schweineblut Schweineblut
Schweineblut Schweineblut Schweineblut
Schweineblut Schweineblut Schweineblut
Schweineblut Schweineblut Schweineblut

Schweineblut Schweineblut Schweineblut
Schweineblut Schweineblut Schweineblut
Schweineblut Schweineblut Schweineblut
Schweineblut Schweineblut Schweineblut
Schweineblut Schweineblut Schweineblut
Schweineblut Schweineblut Schweineblut
Schweineblut Schweineblut Schweineblut
Schweineblut Schweineblut Schweineblut
Schweineblut Schweineblut Schweineblut
Schweineblut Schweineblut Schweineblut
Schweineblut Schweineblut Schweineblut
Schweineblut Schweineblut Schweineblut
Schweineblut Schweineblut Schweineblut
Schweineblut Schweineblut Schweineblut
Schweineblut Schweineblut Schweineblut
Schweineblut Schweineblut Schweineblut
Schweineblut Schweineblut Schweineblut
Schweineblut Schweineblut Schweineblut
Schweineblut Schweineblut Schweineblut
Schweineblut Schweineblut Schweineblut
Schweineblut Schweineblut Schweineblut
Schweineblut Schweineblut Schweineblut
Schweineblut Schweineblut Schweineblut
Schweineblut Schweineblut Schweineblut
Schweineblut Schweineblut Schweineblut
Schweineblut Schweineblut Schweineblut
Schweineblut Schweineblut Schweineblut
Schweineblut Schweineblut Schweineblut
Schweineblut Schweineblut Schweineblut
Schweineblut Schweineblut Schweineblut
Schweineblut Schweineblut Schweineblut
Schweineblut Schweineblut Schweineblut
Schweineblut Schweineblut Schweineblut
Schweineblut Schweineblut Schweineblut
Schweineblut Schweineblut Schweineblut
Schweineblut Schweineblut Schweineblut
Schweineblut Schweineblut Schweineblut
Schweineblut Schweineblut Schweineblut

Schweineblut Schweineblut Schweineblut
Schweineblut Schweineblut Schweineblut
Schweineblut Schweineblut Schweineblut
Schweineblut Schweineblut Schweineblut
Schweineblut Schweineblut Schweineblut
Schweineblut Schweineblut Schweineblut
Schweineblut Schweineblut Schweineblut
Schweineblut Schweineblut Schweineblut
Schweineblut Schweineblut Schweineblut
Schweineblut Schweineblut Schweineblut
Schweineblut Schweineblut Schweineblut
Schweineblut Schweineblut Schweineblut
Schweineblut Schweineblut Schweineblut
Schweineblut Schweineblut Schweineblut
Schweineblut Schweineblut Schweineblut
Schweineblut Schweineblut Schweineblut
Schweineblut Schweineblut Schweineblut
Schweineblut Schweineblut Schweineblut
Schweineblut Schweineblut Schweineblut
Schweineblut Schweineblut Schweineblut
Schweineblut Schweineblut Schweineblut
Schweineblut Schweineblut Schweineblut
Schweineblut Schweineblut Schweineblut
Schweineblut Schweineblut Schweineblut
Schweineblut Schweineblut Schweineblut
Schweineblut Schweineblut Schweineblut
Schweineblut Schweineblut Schweineblut
Schweineblut Schweineblut Schweineblut
Schweineblut Schweineblut Schweineblut
Schweineblut Schweineblut Schweineblut
Schweineblut Schweineblut Schweineblut
Schweineblut Schweineblut Schweineblut
Schweineblut Schweineblut Schweineblut
Schweineblut Schweineblut Schweineblut
Schweineblut Schweineblut Schweineblut
Schweineblut Schweineblut Schweineblut
Schweineblut Schweineblut Schweineblut
Schweineblut Schweineblut Schweineblut

Schweineblut Schweineblut Schweineblut
Schweineblut Schweineblut Schweineblut
Schweineblut Schweineblut Schweineblut
Schweineblut Schweineblut Schweineblut
Schweineblut Schweineblut Schweineblut
Schweineblut Schweineblut Schweineblut
Schweineblut Schweineblut Schweineblut
Schweineblut Schweineblut Schweineblut
Schweineblut Schweineblut Schweineblut
Schweineblut Schweineblut Schweineblut
Schweineblut Schweineblut Schweineblut
Schweineblut Schweineblut Schweineblut
Schweineblut Schweineblut Schweineblut
Schweineblut Schweineblut Schweineblut
Schweineblut Schweineblut Schweineblut
Schweineblut Schweineblut Schweineblut
Schweineblut Schweineblut Schweineblut
Schweineblut Schweineblut Schweineblut
Schweineblut Schweineblut Schweineblut
Schweineblut Schweineblut Schweineblut
Schweineblut Schweineblut Schweineblut
Schweineblut Schweineblut Schweineblut
Schweineblut Schweineblut Schweineblut
Schweineblut Schweineblut Schweineblut
Schweineblut Schweineblut Schweineblut
Schweineblut Schweineblut Schweineblut
Schweineblut Schweineblut Schweineblut
Schweineblut Schweineblut Schweineblut
Schweineblut Schweineblut Schweineblut
Schweineblut Schweineblut Schweineblut
Schweineblut Schweineblut Schweineblut
Schweineblut Schweineblut Schweineblut
Schweineblut Schweineblut Schweineblut
Schweineblut Schweineblut Schweineblut
Schweineblut Schweineblut Schweineblut
Schweineblut Schweineblut Schweineblut
Schweineblut Schweineblut Schweineblut
Schweineblut Schweineblut Schweineblut
Schweineblut Schweineblut Schweineblut

Schweineblut Schweineblut Schweineblut
Schweineblut Schweineblut Schweineblut
Schweineblut Schweineblut Schweineblut
Schweineblut Schweineblut Schweineblut
Schweineblut Schweineblut Schweineblut
Schweineblut Schweineblut Schweineblut
Schweineblut Schweineblut Schweineblut
Schweineblut Schweineblut Schweineblut
Schweineblut Schweineblut Schweineblut
Schweineblut Schweineblut Schweineblut
Schweineblut Schweineblut Schweineblut
Schweineblut Schweineblut Schweineblut
Schweineblut Schweineblut Schweineblut
Schweineblut Schweineblut Schweineblut
Schweineblut Schweineblut Schweineblut
Schweineblut Schweineblut Schweineblut
Schweineblut Schweineblut Schweineblut
Schweineblut Schweineblut Schweineblut
Schweineblut Schweineblut Schweineblut
Schweineblut Schweineblut Schweineblut
Schweineblut Schweineblut Schweineblut
Schweineblut Schweineblut Schweineblut
Schweineblut Schweineblut Schweineblut
Schweineblut Schweineblut Schweineblut
Schweineblut Schweineblut Schweineblut
Schweineblut Schweineblut Schweineblut
Schweineblut Schweineblut Schweineblut
Schweineblut Schweineblut Schweineblut
Schweineblut Schweineblut Schweineblut
Schweineblut Schweineblut Schweineblut
Schweineblut Schweineblut Schweineblut
Schweineblut Schweineblut Schweineblut
Schweineblut Schweineblut Schweineblut
Schweineblut Schweineblut Schweineblut
Schweineblut Schweineblut Schweineblut
Schweineblut Schweineblut Schweineblut
Schweineblut Schweineblut Schweineblut
Schweineblut Schweineblut Schweineblut

Schweineblut Schweineblut Schweineblut
Schweineblut Schweineblut Schweineblut
Schweineblut Schweineblut Schweineblut
Schweineblut Schweineblut Schweineblut
Schweineblut Schweineblut Schweineblut
Schweineblut Schweineblut Schweineblut
Schweineblut Schweineblut Schweineblut
Schweineblut Schweineblut Schweineblut
Schweineblut Schweineblut Schweineblut
Schweineblut Schweineblut Schweineblut
Schweineblut Schweineblut Schweineblut
Schweineblut Schweineblut Schweineblut
Schweineblut Schweineblut Schweineblut
Schweineblut Schweineblut Schweineblut
Schweineblut Schweineblut Schweineblut
Schweineblut Schweineblut Schweineblut
Schweineblut Schweineblut Schweineblut
Schweineblut Schweineblut Schweineblut
Schweineblut Schweineblut Schweineblut
Schweineblut Schweineblut Schweineblut
Schweineblut Schweineblut Schweineblut
Schweineblut Schweineblut Schweineblut
Schweineblut Schweineblut Schweineblut
Schweineblut Schweineblut Schweineblut
Schweineblut Schweineblut Schweineblut
Schweineblut Schweineblut Schweineblut
Schweineblut Schweineblut Schweineblut
Schweineblut Schweineblut Schweineblut
Schweineblut Schweineblut Schweineblut
Schweineblut Schweineblut Schweineblut
Schweineblut Schweineblut Schweineblut
Schweineblut Schweineblut Schweineblut
Schweineblut Schweineblut Schweineblut
Schweineblut Schweineblut Schweineblut
Schweineblut Schweineblut Schweineblut
Schweineblut Schweineblut Schweineblut
Schweineblut Schweineblut Schweineblut

Schweineblut Schweineblut Schweineblut
Schweineblut Schweineblut Schweineblut
Schweineblut Schweineblut Schweineblut
Schweineblut Schweineblut Schweineblut
Schweineblut Schweineblut Schweineblut
Schweineblut Schweineblut Schweineblut
Schweineblut Schweineblut Schweineblut
Schweineblut Schweineblut Schweineblut
Schweineblut Schweineblut Schweineblut
Schweineblut Schweineblut Schweineblut
Schweineblut Schweineblut Schweineblut
Schweineblut Schweineblut Schweineblut
Schweineblut Schweineblut Schweineblut
Schweineblut Schweineblut Schweineblut
Schweineblut Schweineblut Schweineblut
Schweineblut Schweineblut Schweineblut
Schweineblut Schweineblut Schweineblut
Schweineblut Schweineblut Schweineblut
Schweineblut Schweineblut Schweineblut
Schweineblut Schweineblut Schweineblut
Schweineblut Schweineblut Schweineblut
Schweineblut Schweineblut Schweineblut
Schweineblut Schweineblut Schweineblut
Schweineblut Schweineblut Schweineblut
Schweineblut Schweineblut Schweineblut
Schweineblut Schweineblut Schweineblut
Schweineblut Schweineblut Schweineblut
Schweineblut Schweineblut Schweineblut
Schweineblut Schweineblut Schweineblut
Schweineblut Schweineblut Schweineblut
Schweineblut Schweineblut Schweineblut
Schweineblut Schweineblut Schweineblut
Schweineblut Schweineblut Schweineblut
Schweineblut Schweineblut Schweineblut
Schweineblut Schweineblut Schweineblut
Schweineblut Schweineblut Schweineblut
Schweineblut Schweineblut Schweineblut
Schweineblut Schweineblut Schweineblut

Schweineblut Schweineblut Schweineblut
Schweineblut Schweineblut Schweineblut
Schweineblut Schweineblut Schweineblut
Schweineblut Schweineblut Schweineblut
Schweineblut Schweineblut Schweineblut
Schweineblut Schweineblut Schweineblut
Schweineblut Schweineblut Schweineblut
Schweineblut Schweineblut Schweineblut
Schweineblut Schweineblut Schweineblut
Schweineblut Schweineblut Schweineblut
Schweineblut Schweineblut Schweineblut
Schweineblut Schweineblut Schweineblut
Schweineblut Schweineblut Schweineblut
Schweineblut Schweineblut Schweineblut
Schweineblut Schweineblut Schweineblut
Schweineblut Schweineblut Schweineblut
Schweineblut Schweineblut Schweineblut
Schweineblut Schweineblut Schweineblut
Schweineblut Schweineblut Schweineblut
Schweineblut Schweineblut Schweineblut
Schweineblut Schweineblut Schweineblut
Schweineblut Schweineblut Schweineblut
Schweineblut Schweineblut Schweineblut
Schweineblut Schweineblut Schweineblut
Schweineblut Schweineblut Schweineblut
Schweineblut Schweineblut Schweineblut
Schweineblut Schweineblut Schweineblut
Schweineblut Schweineblut Schweineblut
Schweineblut Schweineblut Schweineblut
Schweineblut Schweineblut Schweineblut
Schweineblut Schweineblut Schweineblut
Schweineblut Schweineblut Schweineblut
Schweineblut Schweineblut Schweineblut
Schweineblut Schweineblut Schweineblut
Schweineblut Schweineblut Schweineblut
Schweineblut Schweineblut Schweineblut
Schweineblut Schweineblut Schweineblut

Schweineblut Schweineblut Schweineblut
Schweineblut Schweineblut Schweineblut
Schweineblut Schweineblut Schweineblut
Schweineblut Schweineblut Schweineblut
Schweineblut Schweineblut Schweineblut
Schweineblut Schweineblut Schweineblut
Schweineblut Schweineblut Schweineblut
Schweineblut Schweineblut Schweineblut
Schweineblut Schweineblut Schweineblut
Schweineblut Schweineblut Schweineblut
Schweineblut Schweineblut Schweineblut
Schweineblut Schweineblut Schweineblut
Schweineblut Schweineblut Schweineblut
Schweineblut Schweineblut Schweineblut
Schweineblut Schweineblut Schweineblut
Schweineblut Schweineblut Schweineblut
Schweineblut Schweineblut Schweineblut
Schweineblut Schweineblut Schweineblut
Schweineblut Schweineblut Schweineblut
Schweineblut Schweineblut Schweineblut
Schweineblut Schweineblut Schweineblut
Schweineblut Schweineblut Schweineblut
Schweineblut Schweineblut Schweineblut
Schweineblut Schweineblut Schweineblut
Schweineblut Schweineblut Schweineblut
Schweineblut Schweineblut Schweineblut
Schweineblut Schweineblut Schweineblut
Schweineblut Schweineblut Schweineblut
Schweineblut Schweineblut Schweineblut
Schweineblut Schweineblut Schweineblut
Schweineblut Schweineblut Schweineblut
Schweineblut Schweineblut Schweineblut
Schweineblut Schweineblut Schweineblut
Schweineblut Schweineblut Schweineblut
Schweineblut Schweineblut Schweineblut
Schweineblut Schweineblut Schweineblut

Schweineblut Schweineblut Schweineblut
Schweineblut Schweineblut Schweineblut
Schweineblut Schweineblut Schweineblut
Schweineblut Schweineblut Schweineblut
Schweineblut Schweineblut Schweineblut
Schweineblut Schweineblut Schweineblut
Schweineblut Schweineblut Schweineblut
Schweineblut Schweineblut Schweineblut
Schweineblut Schweineblut Schweineblut
Schweineblut Schweineblut Schweineblut
Schweineblut Schweineblut Schweineblut
Schweineblut Schweineblut Schweineblut
Schweineblut Schweineblut Schweineblut
Schweineblut Schweineblut Schweineblut
Schweineblut Schweineblut Schweineblut
Schweineblut Schweineblut Schweineblut
Schweineblut Schweineblut Schweineblut
Schweineblut Schweineblut Schweineblut
Schweineblut Schweineblut Schweineblut
Schweineblut Schweineblut Schweineblut
Schweineblut Schweineblut Schweineblut
Schweineblut Schweineblut Schweineblut
Schweineblut Schweineblut Schweineblut
Schweineblut Schweineblut Schweineblut
Schweineblut Schweineblut Schweineblut
Schweineblut Schweineblut Schweineblut
Schweineblut Schweineblut Schweineblut
Schweineblut Schweineblut Schweineblut
Schweineblut Schweineblut Schweineblut
Schweineblut Schweineblut Schweineblut
Schweineblut Schweineblut Schweineblut
Schweineblut Schweineblut Schweineblut
Schweineblut Schweineblut Schweineblut
Schweineblut Schweineblut Schweineblut
Schweineblut Schweineblut Schweineblut
Schweineblut Schweineblut Schweineblut
Schweineblut Schweineblut Schweineblut

Schweineblut Schweineblut Schweineblut
Schweineblut Schweineblut Schweineblut
Schweineblut Schweineblut Schweineblut
Schweineblut Schweineblut Schweineblut
Schweineblut Schweineblut Schweineblut
Schweineblut Schweineblut Schweineblut
Schweineblut Schweineblut Schweineblut
Schweineblut Schweineblut Schweineblut
Schweineblut Schweineblut Schweineblut
Schweineblut Schweineblut Schweineblut
Schweineblut Schweineblut Schweineblut
Schweineblut Schweineblut Schweineblut
Schweineblut Schweineblut Schweineblut
Schweineblut Schweineblut Schweineblut
Schweineblut Schweineblut Schweineblut
Schweineblut Schweineblut Schweineblut
Schweineblut Schweineblut Schweineblut
Schweineblut Schweineblut Schweineblut
Schweineblut Schweineblut Schweineblut
Schweineblut Schweineblut Schweineblut
Schweineblut Schweineblut Schweineblut
Schweineblut Schweineblut Schweineblut
Schweineblut Schweineblut Schweineblut
Schweineblut Schweineblut Schweineblut
Schweineblut Schweineblut Schweineblut
Schweineblut Schwcineblut Schweineblut
Schweineblut Schweineblut Schweineblut
Schweineblut Schweineblut Schweineblut
Schweineblut Schweineblut Schweineblut
Schweineblut Schweineblut Schweineblut
Schweineblut Schweineblut Schweineblut
Schweineblut Schweineblut Schweineblut
Schweineblut Schweineblut Schweineblut
Schweineblut Schweineblut Schweineblut
Schweineblut Schweineblut Schweineblut
Schweineblut Schweineblut Schweineblut
Schweineblut Schweineblut Schweineblut
Schweineblut Schweineblut Schweineblut

Schweineblut Schweineblut Schweineblut
Schweineblut Schweineblut Schweineblut
Schweineblut Schweineblut Schweineblut
Schweineblut Schweineblut Schweineblut
Schweineblut Schweineblut Schweineblut
Schweineblut Schweineblut Schweineblut
Schweineblut Schweineblut Schweineblut
Schweineblut Schweineblut Schweineblut
Schweineblut Schweineblut Schweineblut
Schweineblut Schweineblut Schweineblut
Schweineblut Schweineblut Schweineblut
Schweineblut Schweineblut Schweineblut
Schweineblut Schweineblut Schweineblut
Schweineblut Schweineblut Schweineblut
Schweineblut Schweineblut Schweineblut
Schweineblut Schweineblut Schweineblut
Schweineblut Schweineblut Schweineblut
Schweineblut Schweineblut Schweineblut
Schweineblut Schweineblut Schweineblut
Schweineblut Schweineblut Schweineblut
Schweineblut Schweineblut Schweineblut
Schweineblut Schweineblut Schweineblut
Schweineblut Schweineblut Schweineblut
Schweineblut Schweineblut Schweineblut
Schweineblut Schweineblut Schweineblut
Schweineblut Schweineblut Schweineblut
Schweineblut Schweineblut Schweineblut
Schweineblut Schweineblut Schweineblut
Schweineblut Schweineblut Schweineblut
Schweineblut Schweineblut Schweineblut
Schweineblut Schweineblut Schweineblut
Schweineblut Schweineblut Schweineblut
Schweineblut Schweineblut Schweineblut
Schweineblut Schweineblut Schweineblut
Schweineblut Schweineblut Schweineblut
Schweineblut Schweineblut Schweineblut

Schweineblut Schweineblut Schweineblut
Schweineblut Schweineblut Schweineblut
Schweineblut Schweineblut Schweineblut
Schweineblut Schweineblut Schweineblut
Schweineblut Schweineblut Schweineblut
Schweineblut Schweineblut Schweineblut
Schweineblut Schweineblut Schweineblut
Schweineblut Schweineblut Schweineblut
Schweineblut Schweineblut Schweineblut
Schweineblut Schweineblut Schweineblut
Schweineblut Schweineblut Schweineblut
Schweineblut Schweineblut Schweineblut
Schweineblut Schweineblut Schweineblut
Schweineblut Schweineblut Schweineblut
Schweineblut Schweineblut Schweineblut
Schweineblut Schweineblut Schweineblut
Schweineblut Schweineblut Schweineblut
Schweineblut Schweineblut Schweineblut
Schweineblut Schweineblut Schweineblut
Schweineblut Schweineblut Schweineblut
Schweineblut Schweineblut Schweineblut
Schweineblut Schweineblut Schweineblut
Schweineblut Schweineblut Schweineblut
Schweineblut Schweineblut Schweineblut
Schweineblut Schweineblut Schweineblut
Schweineblut Schweineblut Schweineblut
Schweineblut Schweineblut Schweineblut
Schweineblut Schweineblut Schweineblut
Schweineblut Schweineblut Schweineblut
Schweineblut Schweineblut Schweineblut
Schweineblut Schweineblut Schweineblut
Schweineblut Schweineblut Schweineblut
Schweineblut Schweineblut Schweineblut
Schweineblut Schweineblut Schweineblut
Schweineblut Schweineblut Schweineblut
Schweineblut Schweineblut Schweineblut
Schweineblut Schweineblut Schweineblut
Schweineblut Schweineblut Schweineblut
Schweineblut Schweineblut Schweineblut

Schweineblut Schweineblut Schweineblut
Schweineblut Schweineblut Schweineblut
Schweineblut Schweineblut Schweineblut
Schweineblut Schweineblut Schweineblut
Schweineblut Schweineblut Schweineblut
Schweineblut Schweineblut Schweineblut
Schweineblut Schweineblut Schweineblut
Schweineblut Schweineblut Schweineblut
Schweineblut Schweineblut Schweineblut
Schweineblut Schweineblut Schweineblut
Schweineblut Schweineblut Schweineblut
Schweineblut Schweineblut Schweineblut
Schweineblut Schweineblut Schweineblut
Schweineblut Schweineblut Schweineblut
Schweineblut Schweineblut Schweineblut
Schweineblut Schweineblut Schweineblut
Schweineblut Schweineblut Schweineblut
Schweineblut Schweineblut Schweineblut
Schweineblut Schweineblut Schweineblut
Schweineblut Schweineblut Schweineblut
Schweineblut Schweineblut Schweineblut
Schweineblut Schweineblut Schweineblut
Schweineblut Schweineblut Schweineblut
Schweineblut Schweineblut Schweineblut
Schweineblut Schweineblut Schweineblut
Schweineblut Schweineblut Schweineblut
Schweineblut Schweineblut Schweineblut
Schweineblut Schweineblut Schweineblut
Schweineblut Schweineblut Schweineblut
Schweineblut Schweineblut Schweineblut
Schweineblut Schweineblut Schweineblut
Schweineblut Schweineblut Schweineblut
Schweineblut Schweineblut Schweineblut
Schweineblut Schweineblut Schweineblut
Schweineblut Schweineblut Schweineblut
Schweineblut Schweineblut Schweineblut
Schweineblut Schweineblut Schweineblut
Schweineblut Schweineblut Schweineblut

Schweineblut Schweineblut Schweineblut
Schweineblut Schweineblut Schweineblut
Schweineblut Schweineblut Schweineblut
Schweineblut Schweineblut Schweineblut
Schweineblut Schweineblut Schweineblut
Schweineblut Schweineblut Schweineblut
Schweineblut Schweineblut Schweineblut
Schweineblut Schweineblut Schweineblut
Schweineblut Schweineblut Schweineblut
Schweineblut Schweineblut Schweineblut
Schweineblut Schweineblut Schweineblut
Schweineblut Schweineblut Schweineblut
Schweineblut Schweineblut Schweineblut
Schweineblut Schweineblut Schweineblut
Schweineblut Schweineblut Schweineblut
Schweineblut Schweineblut Schweineblut
Schweineblut Schweineblut Schweineblut
Schweineblut Schweineblut Schweineblut
Schweineblut Schweineblut Schweineblut
Schweineblut Schweineblut Schweineblut
Schweineblut Schweineblut Schweineblut
Schweineblut Schweineblut Schweineblut
Schweineblut Schweineblut Schweineblut
Schweineblut Schweineblut Schweineblut
Schweineblut Schweineblut Schweineblut
Schweineblut Schweineblut Schweineblut
Schweineblut Schweineblut Schweineblut
Schweineblut Schweineblut Schweineblut
Schweineblut Schweineblut Schweineblut
Schweineblut Schweineblut Schweineblut
Schweineblut Schweineblut Schweineblut
Schweineblut Schweineblut Schweineblut
Schweineblut Schweineblut Schweineblut
Schweineblut Schweineblut Schweineblut
Schweineblut Schweineblut Schweineblut
Schweineblut Schweineblut Schweineblut

Schweineblut Schweineblut Schweineblut
Schweineblut Schweineblut Schweineblut
Schweineblut Schweineblut Schweineblut
Schweineblut Schweineblut Schweineblut
Schweineblut Schweineblut Schweineblut
Schweineblut Schweineblut Schweineblut
Schweineblut Schweineblut Schweineblut
Schweineblut Schweineblut Schweineblut
Schweineblut Schweineblut Schweineblut
Schweineblut Schweineblut Schweineblut
Schweineblut Schweineblut Schweineblut
Schweineblut Schweineblut Schweineblut
Schweineblut Schweineblut Schweineblut
Schweineblut Schweineblut Schweineblut
Schweineblut Schweineblut Schweineblut
Schweineblut Schweineblut Schweineblut
Schweineblut Schweineblut Schweineblut
Schweineblut Schweineblut Schweineblut
Schweineblut Schweineblut Schweineblut
Schweineblut Schweineblut Schweineblut
Schweineblut Schweineblut Schweineblut
Schweineblut Schweineblut Schweineblut
Schweineblut Schweineblut Schweineblut
Schweineblut Schweineblut Schweineblut
Schweineblut Schweineblut Schweineblut
Schweineblut Schweineblut Schweineblut
Schweineblut Schweineblut Schweineblut
Schweineblut Schweineblut Schweineblut
Schweineblut Schweineblut Schweineblut
Schweineblut Schweineblut Schweineblut
Schweineblut Schweineblut Schweineblut
Schweineblut Schweineblut Schweineblut
Schweineblut Schweineblut Schweineblut
Schweineblut Schweineblut Schweineblut
Schweineblut Schweineblut Schweineblut
Schweineblut Schweineblut Schweineblut
Schweineblut Schweineblut Schweineblut
Schweineblut Schweineblut Schweineblut
Schweineblut Schweineblut Schweineblut
Schweineblut Schweineblut Schweineblut

Schweineblut Schweineblut Schweineblut
Schweineblut Schweineblut Schweineblut
Schweineblut Schweineblut Schweineblut
Schweineblut Schweineblut Schweineblut
Schweineblut Schweineblut Schweineblut
Schweineblut Schweineblut Schweineblut
Schweineblut Schweineblut Schweineblut
Schweineblut Schweineblut Schweineblut
Schweineblut Schweineblut Schweineblut
Schweineblut Schweineblut Schweineblut
Schweineblut Schweineblut Schweineblut
Schweineblut Schweineblut Schweineblut
Schweineblut Schweineblut Schweineblut
Schweineblut Schweineblut Schweineblut
Schweineblut Schweineblut Schweineblut
Schweineblut Schweineblut Schweineblut
Schweineblut Schweineblut Schweineblut
Schweineblut Schweineblut Schweineblut
Schweineblut Schweineblut Schweineblut
Schweineblut Schweineblut Schweineblut
Schweineblut Schweineblut Schweineblut
Schweineblut Schweineblut Schweineblut
Schweineblut Schweineblut Schweineblut
Schweineblut Schweineblut Schweineblut
Schweineblut Schweineblut Schweineblut
Schweineblut Schweineblut Schweineblut
Schweineblut Schweineblut Schweineblut
Schweineblut Schweineblut Schweineblut
Schweineblut Schweineblut Schweineblut
Schweineblut Schweineblut Schweineblut
Schweineblut Schweineblut Schweineblut
Schweineblut Schweineblut Schweineblut
Schweineblut Schweineblut Schweineblut
Schweineblut Schweineblut Schweineblut
Schweineblut Schweineblut Schweineblut
Schweineblut Schweineblut Schweineblut
Schweineblut Schweineblut Schweineblut

Schweineblut Schweineblut Schweineblut
Schweineblut Schweineblut Schweineblut
Schweineblut Schweineblut Schweineblut
Schweineblut Schweineblut Schweineblut
Schweineblut Schweineblut Schweineblut
Schweineblut Schweineblut Schweineblut
Schweineblut Schweineblut Schweineblut
Schweineblut Schweineblut Schweineblut
Schweineblut Schweineblut Schweineblut
Schweineblut Schweineblut Schweineblut
Schweineblut Schweineblut Schweineblut
Schweineblut Schweineblut Schweineblut
Schweineblut Schweineblut Schweineblut
Schweineblut Schweineblut Schweineblut
Schweineblut Schweineblut Schweineblut
Schweineblut Schweineblut Schweineblut
Schweineblut Schweineblut Schweineblut
Schweineblut Schweineblut Schweineblut
Schweineblut Schweineblut Schweineblut
Schweineblut Schweineblut Schweineblut
Schweineblut Schweineblut Schweineblut
Schweineblut Schweineblut Schweineblut
Schweineblut Schweineblut Schweineblut
Schweineblut Schweineblut Schweineblut
Schweineblut Schweineblut Schweineblut
Schweineblut Schweineblut Schweineblut
Schweineblut Schweineblut Schweineblut
Schweineblut Schweineblut Schweineblut
Schweineblut Schweineblut Schweineblut
Schweineblut Schweineblut Schweineblut
Schweineblut Schweineblut Schweineblut
Schweineblut Schweineblut Schweineblut
Schweineblut Schweineblut Schweineblut
Schweineblut Schweineblut Schweineblut
Schweineblut Schweineblut Schweineblut
Schweineblut Schweineblut Schweineblut
Schweineblut Schweineblut Schweineblut

Schweineblut Schweineblut Schweineblut
Schweineblut Schweineblut Schweineblut
Schweineblut Schweineblut Schweineblut
Schweineblut Schweineblut Schweineblut
Schweineblut Schweineblut Schweineblut
Schweineblut Schweineblut Schweineblut
Schweineblut Schweineblut Schweineblut
Schweineblut Schweineblut Schweineblut
Schweineblut Schweineblut Schweineblut
Schweineblut Schweineblut Schweineblut
Schweineblut Schweineblut Schweineblut
Schweineblut Schweineblut Schweineblut
Schweineblut Schweineblut Schweineblut
Schweineblut Schweineblut Schweineblut
Schweineblut Schweineblut Schweineblut
Schweineblut Schweineblut Schweineblut
Schweineblut Schweineblut Schweineblut
Schweineblut Schweineblut Schweineblut
Schweineblut Schweineblut Schweineblut
Schweineblut Schweineblut Schweineblut
Schweineblut Schweineblut Schweineblut
Schweineblut Schweineblut Schweineblut
Schweineblut Schweineblut Schweineblut
Schweineblut Schweineblut Schweineblut
Schweineblut Schweineblut Schweineblut
Schweineblut Schweineblut Schweineblut
Schweineblut Schweineblut Schweineblut
Schweineblut Schweineblut Schweineblut
Schweineblut Schweineblut Schweineblut
Schweineblut Schweineblut Schweineblut
Schweineblut Schweineblut Schweineblut
Schweineblut Schweineblut Schweineblut
Schweineblut Schweineblut Schweineblut
Schweineblut Schweineblut Schweineblut
Schweineblut Schweineblut Schweineblut
Schweineblut Schweineblut Schweineblut
Schweineblut Schweineblut Schweineblut

Schweineblut Schweineblut Schweineblut
Schweineblut Schweineblut Schweineblut
Schweineblut Schweineblut Schweineblut
Schweineblut Schweineblut Schweineblut
Schweineblut Schweineblut Schweineblut
Schweineblut Schweineblut Schweineblut
Schweineblut Schweineblut Schweineblut
Schweineblut Schweineblut Schweineblut
Schweineblut Schweineblut Schweineblut
Schweineblut Schweineblut Schweineblut
Schweineblut Schweineblut Schweineblut
Schweineblut Schweineblut Schweineblut
Schweineblut Schweineblut Schweineblut
Schweineblut Schweineblut Schweineblut
Schweineblut Schweineblut Schweineblut
Schweineblut Schweineblut Schweineblut
Schweineblut Schweineblut Schweineblut
Schweineblut Schweineblut Schweineblut
Schweineblut Schweineblut Schweineblut
Schweineblut Schweineblut Schweineblut
Schweineblut Schweineblut Schweineblut
Schweineblut Schweineblut Schweineblut
Schweineblut Schweineblut Schweineblut
Schweineblut Schweineblut Schweineblut
Schweineblut Schweineblut Schweineblut
Schweineblut Schweineblut Schweineblut
Schweineblut Schweineblut Schweineblut
Schweineblut Schweineblut Schweineblut
Schweineblut Schweineblut Schweineblut
Schweineblut Schweineblut Schweineblut
Schweineblut Schweineblut Schweineblut
Schweineblut Schweineblut Schweineblut
Schweineblut Schweineblut Schweineblut
Schweineblut Schweineblut Schweineblut
Schweineblut Schweineblut Schweineblut
Schweineblut Schweineblut Schweineblut
Schweineblut Schweineblut Schweineblut

Schweineblut Schweineblut Schweineblut
Schweineblut Schweineblut Schweineblut
Schweineblut Schweineblut Schweineblut
Schweineblut Schweineblut Schweineblut
Schweineblut Schweineblut Schweineblut
Schweineblut Schweineblut Schweineblut
Schweineblut Schweineblut Schweineblut
Schweineblut Schweineblut Schweineblut
Schweineblut Schweineblut Schweineblut
Schweineblut Schweineblut Schweineblut
Schweineblut Schweineblut Schweineblut
Schweineblut Schweineblut Schweineblut
Schweineblut Schweineblut Schweineblut
Schweineblut Schweineblut Schweineblut
Schweineblut Schweineblut Schweineblut
Schweineblut Schweineblut Schweineblut
Schweineblut Schweineblut Schweineblut
Schweineblut Schweineblut Schweineblut
Schweineblut Schweineblut Schweineblut
Schweineblut Schweineblut Schweineblut
Schweineblut Schweineblut Schweineblut
Schweineblut Schweineblut Schweineblut
Schweineblut Schweineblut Schweineblut
Schweineblut Schweineblut Schweineblut
Schweineblut Schweineblut Schweineblut
Schweineblut Schweineblut Schweineblut
Schweineblut Schweincblut Schweineblut
Schweineblut Schweineblut Schweineblut
Schweineblut Schweineblut Schweineblut
Schweineblut Schweineblut Schweineblut
Schweineblut Schweineblut Schweineblut
Schweineblut Schweineblut Schweineblut
Schweineblut Schweineblut Schweineblut
Schweineblut Schweineblut Schweineblut
Schweineblut Schweineblut Schweineblut
Schweineblut Schweineblut Schweineblut
Schweineblut Schweineblut Schweineblut
Schweineblut Schweineblut Schweineblut
Schweineblut Schweineblut Schweineblut

Schweineblut Schweineblut Schweineblut
Schweineblut Schweineblut Schweineblut
Schweineblut Schweineblut Schweineblut
Schweineblut Schweineblut Schweineblut
Schweineblut Schweineblut Schweineblut
Schweineblut Schweineblut Schweineblut
Schweineblut Schweineblut Schweineblut
Schweineblut Schweineblut Schweineblut
Schweineblut Schweineblut Schweineblut
Schweineblut Schweineblut Schweineblut
Schweineblut Schweineblut Schweineblut
Schweineblut Schweineblut Schweineblut
Schweineblut Schweineblut Schweineblut
Schweineblut Schweineblut Schweineblut
Schweineblut Schweineblut Schweineblut
Schweineblut Schweineblut Schweineblut
Schweineblut Schweineblut Schweineblut
Schweineblut Schweineblut Schweineblut
Schweineblut Schweineblut Schweineblut
Schweineblut Schweineblut Schweineblut
Schweineblut Schweineblut Schweineblut
Schweineblut Schweineblut Schweineblut
Schweineblut Schweineblut Schweineblut
Schweineblut Schweineblut Schweineblut
Schweineblut Schweineblut Schweineblut
Schweineblut Schweineblut Schweineblut
Schweineblut Schweineblut Schweineblut
Schweineblut Schweineblut Schweineblut
Schweineblut Schweineblut Schweineblut
Schweineblut Schweineblut Schweineblut
Schweineblut Schweineblut Schweineblut
Schweineblut Schweineblut Schweineblut
Schweineblut Schweineblut Schweineblut
Schweineblut Schweineblut Schweineblut
Schweineblut Schweineblut Schweineblut
Schweineblut Schweineblut Schweineblut
Schweineblut Schweineblut Schweineblut
Schweineblut Schweineblut Schweineblut
Schweineblut Schweineblut Schweineblut

Schweineblut Schweineblut Schweineblut
Schweineblut Schweineblut Schweineblut
Schweineblut Schweineblut Schweineblut
Schweineblut Schweineblut Schweineblut
Schweineblut Schweineblut Schweineblut
Schweineblut Schweineblut Schweineblut
Schweineblut Schweineblut Schweineblut
Schweineblut Schweineblut Schweineblut
Schweineblut Schweineblut Schweineblut
Schweineblut Schweineblut Schweineblut
Schweineblut Schweineblut Schweineblut
Schweineblut Schweineblut Schweineblut
Schweineblut Schweineblut Schweineblut
Schweineblut Schweineblut Schweineblut
Schweineblut Schweineblut Schweineblut
Schweineblut Schweineblut Schweineblut
Schweineblut Schweineblut Schweineblut
Schweineblut Schweineblut Schweineblut
Schweineblut Schweineblut Schweineblut
Schweineblut Schweineblut Schweineblut
Schweineblut Schweineblut Schweineblut
Schweineblut Schweineblut Schweineblut
Schweineblut Schweineblut Schweineblut
Schweineblut Schweineblut Schweineblut
Schweineblut Schweineblut Schweineblut
Schweinoblut Schweineblut Schweineblut
Schweineblut Schweineblut Schweineblut
Schweineblut Schweineblut Schweineblut
Schweineblut Schweineblut Schweineblut
Schweineblut Schweineblut Schweineblut
Schweineblut Schweineblut Schweineblut
Schweineblut Schweineblut Schweineblut
Schweineblut Schweineblut Schweineblut
Schweineblut Schweineblut Schweineblut
Schweineblut Schweineblut Schweineblut
Schweineblut Schweineblut Schweineblut
Schweineblut Schweineblut Schweineblut
Schweineblut Schweineblut Schweineblut

Schweineblut Schweineblut Schweineblut
Schweineblut Schweineblut Schweineblut
Schweineblut Schweineblut Schweineblut
Schweineblut Schweineblut Schweineblut
Schweineblut Schweineblut Schweineblut
Schweineblut Schweineblut Schweineblut
Schweineblut Schweineblut Schweineblut
Schweineblut Schweineblut Schweineblut
Schweineblut Schweineblut Schweineblut
Schweineblut Schweineblut Schweineblut
Schweineblut Schweineblut Schweineblut
Schweineblut Schweineblut Schweineblut
Schweineblut Schweineblut Schweineblut
Schweineblut Schweineblut Schweineblut
Schweineblut Schweineblut Schweineblut
Schweineblut Schweineblut Schweineblut
Schweineblut Schweineblut Schweineblut
Schweineblut Schweineblut Schweineblut
Schweineblut Schweineblut Schweineblut
Schweineblut Schweineblut Schweineblut
Schweineblut Schweineblut Schweineblut
Schweineblut Schweineblut Schweineblut
Schweineblut Schweineblut Schweineblut
Schweineblut Schweineblut Schweineblut
Schweineblut Schweineblut Schweineblut
Schweineblut Schweineblut Schweineblut
Schweineblut Schweineblut Schweineblut
Schweineblut Schweineblut Schweineblut
Schweineblut Schweineblut Schweineblut
Schweineblut Schweineblut Schweineblut
Schweineblut Schweineblut Schweineblut
Schweineblut Schweineblut Schweineblut
Schweineblut Schweineblut Schweineblut
Schweineblut Schweineblut Schweineblut
Schweineblut Schweineblut Schweineblut
Schweineblut Schweineblut Schweineblut
Schweineblut Schweineblut Schweineblut
Schweineblut Schweineblut Schweineblut

Schweineblut Schweineblut Schweineblut
Schweineblut Schweineblut Schweineblut
Schweineblut Schweineblut Schweineblut
Schweineblut Schweineblut Schweineblut
Schweineblut Schweineblut Schweineblut
Schweineblut Schweineblut Schweineblut
Schweineblut Schweineblut Schweineblut
Schweineblut Schweineblut Schweineblut
Schweineblut Schweineblut Schweineblut
Schweineblut Schweineblut Schweineblut
Schweineblut Schweineblut Schweineblut
Schweineblut Schweineblut Schweineblut
Schweineblut Schweineblut Schweineblut
Schweineblut Schweineblut Schweineblut
Schweineblut Schweineblut Schweineblut
Schweineblut Schweineblut Schweineblut
Schweineblut Schweineblut Schweineblut
Schweineblut Schweineblut Schweineblut
Schweineblut Schweineblut Schweineblut
Schweineblut Schweineblut Schweineblut
Schweineblut Schweineblut Schweineblut
Schweineblut Schweineblut Schweineblut
Schweineblut Schweineblut Schweineblut
Schweineblut Schweineblut Schweineblut
Schweineblut Schweineblut Schweineblut
Schweineblut Schweineblut Schweineblut
Schweineblut Schweineblut Schweineblut
Schweineblut Schweineblut Schweineblut
Schweineblut Schweineblut Schweineblut
Schweineblut Schweineblut Schweineblut
Schweineblut Schweineblut Schweineblut
Schweineblut Schweineblut Schweineblut
Schweineblut Schweineblut Schweineblut
Schweineblut Schweineblut Schweineblut
Schweineblut Schweineblut Schweineblut
Schweineblut Schweineblut Schweineblut
Schweineblut Schweineblut Schweineblut
Schweineblut Schweineblut Schweineblut

Schweineblut Schweineblut Schweineblut
Schweineblut Schweineblut Schweineblut
Schweineblut Schweineblut Schweineblut
Schweineblut Schweineblut Schweineblut
Schweineblut Schweineblut Schweineblut
Schweineblut Schweineblut Schweineblut
Schweineblut Schweineblut Schweineblut
Schweineblut Schweineblut Schweineblut
Schweineblut Schweineblut Schweineblut
Schweineblut Schweineblut Schweineblut
Schweineblut Schweineblut Schweineblut
Schweineblut Schweineblut Schweineblut
Schweineblut Schweineblut Schweineblut
Schweineblut Schweineblut Schweineblut
Schweineblut Schweineblut Schweineblut
Schweineblut Schweineblut Schweineblut
Schweineblut Schweineblut Schweineblut
Schweineblut Schweineblut Schweineblut
Schweineblut Schweineblut Schweineblut
Schweineblut Schweineblut Schweineblut
Schweineblut Schweineblut Schweineblut
Schweineblut Schweineblut Schweineblut
Schweineblut Schweineblut Schweineblut
Schweineblut Schweineblut Schweineblut
Schweineblut Schweineblut Schweineblut
Schweineblut Schweineblut Schweineblut
Schweineblut Schweineblut Schweineblut
Schweineblut Schweineblut Schweineblut
Schweineblut Schweineblut Schweineblut
Schweineblut Schweineblut Schweineblut
Schweineblut Schweineblut Schweineblut
Schweineblut Schweineblut Schweineblut
Schweineblut Schweineblut Schweineblut
Schweineblut Schweineblut Schweineblut
Schweineblut Schweineblut Schweineblut
Schweineblut Schweineblut Schweineblut
Schweineblut Schweineblut Schweineblut

Schweineblut Schweineblut Schweineblut
Schweineblut Schweineblut Schweineblut
Schweineblut Schweineblut Schweineblut
Schweineblut Schweineblut Schweineblut
Schweineblut Schweineblut Schweineblut
Schweineblut Schweineblut Schweineblut
Schweineblut Schweineblut Schweineblut
Schweineblut Schweineblut Schweineblut
Schweineblut Schweineblut Schweineblut
Schweineblut Schweineblut Schweineblut
Schweineblut Schweineblut Schweineblut
Schweineblut Schweineblut Schweineblut
Schweineblut Schweineblut Schweineblut
Schweineblut Schweineblut Schweineblut
Schweineblut Schweineblut Schweineblut
Schweineblut Schweineblut Schweineblut
Schweineblut Schweineblut Schweineblut
Schweineblut Schweineblut Schweineblut
Schweineblut Schweineblut Schweineblut
Schweineblut Schweineblut Schweineblut
Schweineblut Schweineblut Schweineblut
Schweineblut Schweineblut Schweineblut
Schweineblut Schweineblut Schweineblut
Schweineblut Schweineblut Schweineblut
Schweineblut Schweineblut Schweineblut
Schweineblut Schweineblut Schweineblut
Schweineblut Schweineblut Schweineblut
Schweineblut Schweineblut Schweineblut
Schweineblut Schweineblut Schweineblut
Schweineblut Schweineblut Schweineblut
Schweineblut Schweineblut Schweineblut
Schweineblut Schweineblut Schweineblut
Schweineblut Schweineblut Schweineblut
Schweineblut Schweineblut Schweineblut
Schweineblut Schweineblut Schweineblut
Schweineblut Schweineblut Schweineblut
Schweineblut Schweineblut Schweineblut
Schweineblut Schweineblut Schweineblut

Schweineblut Schweineblut Schweineblut
Schweineblut Schweineblut Schweineblut
Schweineblut Schweineblut Schweineblut
Schweineblut Schweineblut Schweineblut
Schweineblut Schweineblut Schweineblut
Schweineblut Schweineblut Schweineblut
Schweineblut Schweineblut Schweineblut
Schweineblut Schweineblut Schweineblut
Schweineblut Schweineblut Schweineblut
Schweineblut Schweineblut Schweineblut
Schweineblut Schweineblut Schweineblut
Schweineblut Schweineblut Schweineblut
Schweineblut Schweineblut Schweineblut
Schweineblut Schweineblut Schweineblut
Schweineblut Schweineblut Schweineblut
Schweineblut Schweineblut Schweineblut
Schweineblut Schweineblut Schweineblut
Schweineblut Schweineblut Schweineblut
Schweineblut Schweineblut Schweineblut
Schweineblut Schweineblut Schweineblut
Schweineblut Schweineblut Schweineblut
Schweineblut Schweineblut Schweineblut
Schweineblut Schweineblut Schweineblut
Schweineblut Schweineblut Schweineblut
Schweineblut Schweineblut Schweineblut
Schweineblut Schweineblut Schweineblut
Schweineblut Schweineblut Schweineblut
Schweineblut Schweineblut Schweineblut
Schweineblut Schweineblut Schweineblut
Schweineblut Schweineblut Schweineblut
Schweineblut Schweineblut Schweineblut
Schweineblut Schweineblut Schweineblut
Schweineblut Schweineblut Schweineblut
Schweineblut Schweineblut Schweineblut
Schweineblut Schweineblut Schweineblut
Schweineblut Schweineblut Schweineblut
Schweineblut Schweineblut Schweineblut

Schweineblut Schweineblut Schweineblut
Schweineblut Schweineblut Schweineblut
Schweineblut Schweineblut Schweineblut
Schweineblut Schweineblut Schweineblut
Schweineblut Schweineblut Schweineblut
Schweineblut Schweineblut Schweineblut
Schweineblut Schweineblut Schweineblut
Schweineblut Schweineblut Schweineblut
Schweineblut Schweineblut Schweineblut
Schweineblut Schweineblut Schweineblut
Schweineblut Schweineblut Schweineblut
Schweineblut Schweineblut Schweineblut
Schweineblut Schweineblut Schweineblut
Schweineblut Schweineblut Schweineblut
Schweineblut Schweineblut Schweineblut
Schweineblut Schweineblut Schweineblut
Schweineblut Schweineblut Schweineblut
Schweineblut Schweineblut Schweineblut
Schweineblut Schweineblut Schweineblut
Schweineblut Schweineblut Schweineblut
Schweineblut Schweineblut Schweineblut
Schweineblut Schweineblut Schweineblut
Schweineblut Schweineblut Schweineblut
Schweineblut Schweineblut Schweineblut
Schweineblut Schweineblut Schweineblut
Schweineblut Schweineblut Schweineblut
Schweineblut Schweineblut Schweineblut
Schweineblut Schweineblut Schweineblut
Schweineblut Schweineblut Schweineblut
Schweineblut Schweineblut Schweineblut
Schweineblut Schweineblut Schweineblut
Schweineblut Schweineblut Schweineblut
Schweineblut Schweineblut Schweineblut
Schweineblut Schweineblut Schweineblut
Schweineblut Schweineblut Schweineblut
Schweineblut Schweineblut Schweineblut
Schweineblut Schweineblut Schweineblut
Schweineblut Schweineblut Schweineblut

Schweineblut Schweineblut Schweineblut
Schweineblut Schweineblut Schweineblut
Schweineblut Schweineblut Schweineblut
Schweineblut Schweineblut Schweineblut
Schweineblut Schweineblut Schweineblut
Schweineblut Schweineblut Schweineblut
Schweineblut Schweineblut Schweineblut
Schweineblut Schweineblut Schweineblut
Schweineblut Schweineblut Schweineblut
Schweineblut Schweineblut Schweineblut
Schweineblut Schweineblut Schweineblut
Schweineblut Schweineblut Schweineblut
Schweineblut Schweineblut Schweineblut
Schweineblut Schweineblut Schweineblut
Schweineblut Schweineblut Schweineblut
Schweineblut Schweineblut Schweineblut
Schweineblut Schweineblut Schweineblut
Schweineblut Schweineblut Schweineblut
Schweineblut Schweineblut Schweineblut
Schweineblut Schweineblut Schweineblut
Schweineblut Schweineblut Schweineblut
Schweineblut Schweineblut Schweineblut
Schweineblut Schweineblut Schweineblut
Schweineblut Schweineblut Schweineblut
Schweineblut Schweineblut Schweineblut
Schweineblut Schweineblut Schweineblut
Schweineblut Schweineblut Schweineblut
Schweineblut Schweineblut Schweineblut
Schweineblut Schweineblut Schweineblut
Schweineblut Schweineblut Schweineblut
Schweineblut Schweineblut Schweineblut
Schweineblut Schweineblut Schweineblut
Schweineblut Schweineblut Schweineblut
Schweineblut Schweineblut Schweineblut
Schweineblut Schweineblut Schweineblut
Schweineblut Schweineblut Schweineblut

Schweineblut Schweineblut Schweineblut
Schweineblut Schweineblut Schweineblut
Schweineblut Schweineblut Schweineblut
Schweineblut Schweineblut Schweineblut
Schweineblut Schweineblut Schweineblut
Schweineblut Schweineblut Schweineblut
Schweineblut Schweineblut Schweineblut
Schweineblut Schweineblut Schweineblut
Schweineblut Schweineblut Schweineblut
Schweineblut Schweineblut Schweineblut
Schweineblut Schweineblut Schweineblut
Schweineblut Schweineblut Schweineblut
Schweineblut Schweineblut Schweineblut
Schweineblut Schweineblut Schweineblut
Schweineblut Schweineblut Schweineblut
Schweineblut Schweineblut Schweineblut
Schweineblut Schweineblut Schweineblut
Schweineblut Schweineblut Schweineblut
Schweineblut Schweineblut Schweineblut
Schweineblut Schweineblut Schweineblut
Schweineblut Schweineblut Schweineblut
Schweineblut Schweineblut Schweineblut
Schweineblut Schweineblut Schweineblut
Schweineblut Schweineblut Schweineblut
Schweineblut Schweineblut Schweineblut
Schweineblut Schweineblut Schweineblut
Schweineblut Schweineblut Schweineblut
Schweineblut Schweineblut Schweineblut
Schweineblut Schweineblut Schweineblut
Schweineblut Schweineblut Schweineblut
Schweineblut Schweineblut Schweineblut
Schweineblut Schweineblut Schweineblut
Schweineblut Schweineblut Schweineblut
Schweineblut Schweineblut Schweineblut
Schweineblut Schweineblut Schweineblut
Schweineblut Schweineblut Schweineblut
Schweineblut Schweineblut Schweineblut

Schweineblut Schweineblut Schweineblut
Schweineblut Schweineblut Schweineblut
Schweineblut Schweineblut Schweineblut
Schweineblut Schweineblut Schweineblut
Schweineblut Schweineblut Schweineblut
Schweineblut Schweineblut Schweineblut
Schweineblut Schweineblut Schweineblut
Schweineblut Schweineblut Schweineblut
Schweineblut Schweineblut Schweineblut
Schweineblut Schweineblut Schweineblut
Schweineblut Schweineblut Schweineblut
Schweineblut Schweineblut Schweineblut
Schweineblut Schweineblut Schweineblut
Schweineblut Schweineblut Schweineblut
Schweineblut Schweineblut Schweineblut
Schweineblut Schweineblut Schweineblut
Schweineblut Schweineblut Schweineblut
Schweineblut Schweineblut Schweineblut
Schweineblut Schweineblut Schweineblut
Schweineblut Schweineblut Schweineblut
Schweineblut Schweineblut Schweineblut
Schweineblut Schweineblut Schweineblut
Schweineblut Schweineblut Schweineblut
Schweineblut Schweineblut Schweineblut
Schweineblut Schweineblut Schweineblut
Schweineblut Schweineblut Schweineblut
Schweineblut Schweineblut Schweineblut
Schweineblut Schweineblut Schweineblut
Schweineblut Schweineblut Schweineblut
Schweineblut Schweineblut Schweineblut
Schweineblut Schweineblut Schweineblut
Schweineblut Schweineblut Schweineblut
Schweineblut Schweineblut Schweineblut
Schweineblut Schweineblut Schweineblut
Schweineblut Schweineblut Schweineblut
Schweineblut Schweineblut Schweineblut
Schweineblut Schweineblut Schweineblut

Schweineblut Schweineblut Schweineblut
Schweineblut Schweineblut Schweineblut
Schweineblut Schweineblut Schweineblut
Schweineblut Schweineblut Schweineblut
Schweineblut Schweineblut Schweineblut
Schweineblut Schweineblut Schweineblut
Schweineblut Schweineblut Schweineblut
Schweineblut Schweineblut Schweineblut
Schweineblut Schweineblut Schweineblut
Schweineblut Schweineblut Schweineblut
Schweineblut Schweineblut Schweineblut
Schweineblut Schweineblut Schweineblut
Schweineblut Schweineblut Schweineblut
Schweineblut Schweineblut Schweineblut
Schweineblut Schweineblut Schweineblut
Schweineblut Schweineblut Schweineblut
Schweineblut Schweineblut Schweineblut
Schweineblut Schweineblut Schweineblut
Schweineblut Schweineblut Schweineblut
Schweineblut Schweineblut Schweineblut
Schweineblut Schweineblut Schweineblut
Schweineblut Schweineblut Schweineblut
Schweineblut Schweineblut Schweineblut
Schweineblut Schweineblut Schweineblut
Schweineblut Schweineblut Schweineblut
Schweineblut Schweineblut Schweineblut
Schweineblut Schweineblut Schweineblut
Schweineblut Schweineblut Schweineblut
Schweineblut Schweineblut Schweineblut
Schweineblut Schweineblut Schweineblut
Schweineblut Schweineblut Schweineblut
Schweineblut Schweineblut Schweineblut
Schweineblut Schweineblut Schweineblut
Schweineblut Schweineblut Schweineblut
Schweineblut Schweineblut Schweineblut
Schweineblut Schweineblut Schweineblut
Schweineblut Schweineblut Schweineblut
Schweineblut Schweineblut Schweineblut

Schweineblut Schweineblut Schweineblut
Schweineblut Schweineblut Schweineblut
Schweineblut Schweineblut Schweineblut
Schweineblut Schweineblut Schweineblut
Schweineblut Schweineblut Schweineblut
Schweineblut Schweineblut Schweineblut
Schweineblut Schweineblut Schweineblut
Schweineblut Schweineblut Schweineblut
Schweineblut Schweineblut Schweineblut
Schweineblut Schweineblut Schweineblut
Schweineblut Schweineblut Schweineblut
Schweineblut Schweineblut Schweineblut
Schweineblut Schweineblut Schweineblut
Schweineblut Schweineblut Schweineblut
Schweineblut Schweineblut Schweineblut
Schweineblut Schweineblut Schweineblut
Schweineblut Schweineblut Schweineblut
Schweineblut Schweineblut Schweineblut
Schweineblut Schweineblut Schweineblut
Schweineblut Schweineblut Schweineblut
Schweineblut Schweineblut Schweineblut
Schweineblut Schweineblut Schweineblut
Schweineblut Schweineblut Schweineblut
Schweineblut Schweineblut Schweineblut
Schweineblut Schweineblut Schweineblut
Schweineblut Schweineblut Schweineblut
Schweineblut Schweineblut Schweineblut
Schweineblut Schweineblut Schweineblut
Schweineblut Schweineblut Schweineblut
Schweineblut Schweineblut Schweineblut
Schweineblut Schweineblut Schweineblut
Schweineblut Schweineblut Schweineblut
Schweineblut Schweineblut Schweineblut
Schweineblut Schweineblut Schweineblut
Schweineblut Schweineblut Schweineblut
Schweineblut Schweineblut Schweineblut
Schweineblut Schweineblut Schweineblut
Schweineblut Schweineblut Schweineblut

Schweineblut Schweineblut Schweineblut
Schweineblut Schweineblut Schweineblut
Schweineblut Schweineblut Schweineblut
Schweineblut Schweineblut Schweineblut
Schweineblut Schweineblut Schweineblut
Schweineblut Schweineblut Schweineblut
Schweineblut Schweineblut Schweineblut
Schweineblut Schweineblut Schweineblut
Schweineblut Schweineblut Schweineblut
Schweineblut Schweineblut Schweineblut
Schweineblut Schweineblut Schweineblut
Schweineblut Schweineblut Schweineblut
Schweineblut Schweineblut Schweineblut
Schweineblut Schweineblut Schweineblut
Schweineblut Schweineblut Schweineblut
Schweineblut Schweineblut Schweineblut
Schweineblut Schweineblut Schweineblut
Schweineblut Schweineblut Schweineblut
Schweineblut Schweineblut Schweineblut
Schweineblut Schweineblut Schweineblut
Schweineblut Schweineblut Schweineblut
Schweineblut Schweineblut Schweineblut
Schweineblut Schweineblut Schweineblut
Schweineblut Schweineblut Schweineblut
Schweineblut Schweineblut Schweineblut
Schweineblut Schweineblut Schweineblut
Schweineblut Schweineblut Schweineblut
Schweineblut Schweineblut Schweineblut
Schweineblut Schweineblut Schweineblut
Schweineblut Schweineblut Schweineblut
Schweineblut Schweineblut Schweineblut
Schweineblut Schweineblut Schweineblut
Schweineblut Schweineblut Schweineblut
Schweineblut Schweineblut Schweineblut
Schweineblut Schweineblut Schweineblut
Schweineblut Schweineblut Schweineblut
Schweineblut Schweineblut Schweineblut
Schweineblut Schweineblut Schweineblut
Schweineblut Schweineblut Schweineblut

Schweineblut Schweineblut Schweineblut
Schweineblut Schweineblut Schweineblut
Schweineblut Schweineblut Schweineblut
Schweineblut Schweineblut Schweineblut
Schweineblut Schweineblut Schweineblut
Schweineblut Schweineblut Schweineblut
Schweineblut Schweineblut Schweineblut
Schweineblut Schweineblut Schweineblut
Schweineblut Schweineblut Schweineblut
Schweineblut Schweineblut Schweineblut
Schweineblut Schweineblut Schweineblut
Schweineblut Schweineblut Schweineblut
Schweineblut Schweineblut Schweineblut
Schweineblut Schweineblut Schweineblut
Schweineblut Schweineblut Schweineblut
Schweineblut Schweineblut Schweineblut
Schweineblut Schweineblut Schweineblut
Schweineblut Schweineblut Schweineblut
Schweineblut Schweineblut Schweineblut
Schweineblut Schweineblut Schweineblut
Schweineblut Schweineblut Schweineblut
Schweineblut Schweineblut Schweineblut
Schweineblut Schweineblut Schweineblut
Schweineblut Schweineblut Schweineblut
Schweineblut Schweineblut Schweineblut
Schweineblut Schweineblut Schweineblut
Schweineblut Schweineblut Schweineblut
Schweineblut Schweineblut Schweineblut
Schweineblut Schweineblut Schweineblut
Schweineblut Schweineblut Schweineblut
Schweineblut Schweineblut Schweineblut
Schweineblut Schweineblut Schweineblut
Schweineblut Schweineblut Schweineblut
Schweineblut Schweineblut Schweineblut
Schweineblut Schweineblut Schweineblut
Schweineblut Schweineblut Schweineblut
Schweineblut Schweineblut Schweineblut
Schweineblut Schweineblut Schweineblut

Schweineblut Schweineblut Schweineblut
Schweineblut Schweineblut Schweineblut
Schweineblut Schweineblut Schweineblut
Schweineblut Schweineblut Schweineblut
Schweineblut Schweineblut Schweineblut
Schweineblut Schweineblut Schweineblut
Schweineblut Schweineblut Schweineblut
Schweineblut Schweineblut Schweineblut
Schweineblut Schweineblut Schweineblut
Schweineblut Schweineblut Schweineblut
Schweineblut Schweineblut Schweineblut
Schweineblut Schweineblut Schweineblut
Schweineblut Schweineblut Schweineblut
Schweineblut Schweineblut Schweineblut
Schweineblut Schweineblut Schweineblut
Schweineblut Schweineblut Schweineblut
Schweineblut Schweineblut Schweineblut
Schweineblut Schweineblut Schweineblut
Schweineblut Schweineblut Schweineblut
Schweineblut Schweineblut Schweineblut
Schweineblut Schweineblut Schweineblut
Schweineblut Schweineblut Schweineblut
Schweineblut Schweineblut Schweineblut
Schweineblut Schweineblut Schweineblut
Schweineblut Schweineblut Schweineblut
Schweineblut Schweineblut Schwelneblut
Schweineblut Schweineblut Schweineblut
Schweineblut Schweineblut Schweineblut
Schweineblut Schweineblut Schweineblut
Schweineblut Schweineblut Schweineblut
Schweineblut Schweineblut Schweineblut
Schweineblut Schweineblut Schweineblut
Schweineblut Schweineblut Schweineblut
Schweineblut Schweineblut Schweineblut
Schweineblut Schweineblut Schweineblut
Schweineblut Schweineblut Schweineblut
Schweineblut Schweineblut Schweineblut
Schweineblut Schweineblut Schweineblut

Schweineblut Schweineblut Schweineblut
Schweineblut Schweineblut Schweineblut
Schweineblut Schweineblut Schweineblut
Schweineblut Schweineblut Schweineblut
Schweineblut Schweineblut Schweineblut
Schweineblut Schweineblut Schweineblut
Schweineblut Schweineblut Schweineblut
Schweineblut Schweineblut Schweineblut
Schweineblut Schweineblut Schweineblut
Schweineblut Schweineblut Schweineblut
Schweineblut Schweineblut Schweineblut
Schweineblut Schweineblut Schweineblut
Schweineblut Schweineblut Schweineblut
Schweineblut Schweineblut Schweineblut
Schweineblut Schweineblut Schweineblut
Schweineblut Schweineblut Schweineblut
Schweineblut Schweineblut Schweineblut
Schweineblut Schweineblut Schweineblut
Schweineblut Schweineblut Schweineblut
Schweineblut Schweineblut Schweineblut
Schweineblut Schweineblut Schweineblut
Schweineblut Schweineblut Schweineblut
Schweineblut Schweineblut Schweineblut
Schweineblut Schweineblut Schweineblut
Schweineblut Schweineblut Schweineblut
Schweineblut Schweineblut Schweineblut
Schweineblut Schweineblut Schweineblut
Schweineblut Schweineblut Schweineblut
Schweineblut Schweineblut Schweineblut
Schweineblut Schweineblut Schweineblut
Schweineblut Schweineblut Schweineblut
Schweineblut Schweineblut Schweineblut
Schweineblut Schweineblut Schweineblut
Schweineblut Schweineblut Schweineblut
Schweineblut Schweineblut Schweineblut
Schweineblut Schweineblut Schweineblut
Schweineblut Schweineblut Schweineblut
Schweineblut Schweineblut Schweineblut

Schweineblut Schweineblut Schweineblut
Schweineblut Schweineblut Schweineblut
Schweineblut Schweineblut Schweineblut
Schweineblut Schweineblut Schweineblut
Schweineblut Schweineblut Schweineblut
Schweineblut Schweineblut Schweineblut
Schweineblut Schweineblut Schweineblut
Schweineblut Schweineblut Schweineblut
Schweineblut Schweineblut Schweineblut
Schweineblut Schweineblut Schweineblut
Schweineblut Schweineblut Schweineblut
Schweineblut Schweineblut Schweineblut
Schweineblut Schweineblut Schweineblut
Schweineblut Schweineblut Schweineblut
Schweineblut Schweineblut Schweineblut
Schweineblut Schweineblut Schweineblut
Schweineblut Schweineblut Schweineblut
Schweineblut Schweineblut Schweineblut
Schweineblut Schweineblut Schweineblut
Schweineblut Schweineblut Schweineblut
Schweineblut Schweineblut Schweineblut
Schweineblut Schweineblut Schweineblut
Schweineblut Schweineblut Schweineblut
Schweineblut Schweineblut Schweineblut
Schweineblut Schweineblut Schweineblut
Schweineblut Schweineblut Schweineblut
Schweineblut Schweineblut Schweineblut
Schweineblut Schweineblut Schweineblut
Schweineblut Schweineblut Schweineblut
Schweineblut Schweineblut Schweineblut
Schweineblut Schweineblut Schweineblut
Schweineblut Schweineblut Schweineblut
Schweineblut Schweineblut Schweineblut
Schweineblut Schweineblut Schweineblut
Schweineblut Schweineblut Schweineblut
Schweineblut Schweineblut Schweineblut
Schweineblut Schweineblut Schweineblut

Schweineblut Schweineblut Schweineblut
Schweineblut Schweineblut Schweineblut
Schweineblut Schweineblut Schweineblut
Schweineblut Schweineblut Schweineblut
Schweineblut Schweineblut Schweineblut
Schweineblut Schweineblut Schweineblut
Schweineblut Schweineblut Schweineblut
Schweineblut Schweineblut Schweineblut
Schweineblut Schweineblut Schweineblut
Schweineblut Schweineblut Schweineblut
Schweineblut Schweineblut Schweineblut
Schweineblut Schweineblut Schweineblut
Schweineblut Schweineblut Schweineblut
Schweineblut Schweineblut Schweineblut
Schweineblut Schweineblut Schweineblut
Schweineblut Schweineblut Schweineblut
Schweineblut Schweineblut Schweineblut
Schweineblut Schweineblut Schweineblut
Schweineblut Schweineblut Schweineblut
Schweineblut Schweineblut Schweineblut
Schweineblut Schweineblut Schweineblut
Schweineblut Schweineblut Schweineblut
Schweineblut Schweineblut Schweineblut
Schweineblut Schweineblut Schweineblut
Schweineblut Schweineblut Schweineblut
Schweineblut Schweineblut Schweineblut
Schweineblut Schweineblut Schweineblut
Schweineblut Schweineblut Schweineblut
Schweineblut Schweineblut Schweineblut
Schweineblut Schweineblut Schweineblut
Schweineblut Schweineblut Schweineblut
Schweineblut Schweineblut Schweineblut
Schweineblut Schweineblut Schweineblut
Schweineblut Schweineblut Schweineblut
Schweineblut Schweineblut Schweineblut
Schweineblut Schweineblut Schweineblut
Schweineblut Schweineblut Schweineblut
Schweineblut Schweineblut Schweineblut
Schweineblut Schweineblut Schweineblut

Schweineblut Schweineblut Schweineblut
Schweineblut Schweineblut Schweineblut
Schweineblut Schweineblut Schweineblut
Schweineblut Schweineblut Schweineblut
Schweineblut Schweineblut Schweineblut
Schweineblut Schweineblut Schweineblut
Schweineblut Schweineblut Schweineblut
Schweineblut Schweineblut Schweineblut
Schweineblut Schweineblut Schweineblut
Schweineblut Schweineblut Schweineblut
Schweineblut Schweineblut Schweineblut
Schweineblut Schweineblut Schweineblut
Schweineblut Schweineblut Schweineblut
Schweineblut Schweineblut Schweineblut
Schweineblut Schweineblut Schweineblut
Schweineblut Schweineblut Schweineblut
Schweineblut Schweineblut Schweineblut
Schweineblut Schweineblut Schweineblut
Schweineblut Schweineblut Schweineblut
Schweineblut Schweineblut Schweineblut
Schweineblut Schweineblut Schweineblut
Schweineblut Schweineblut Schweineblut
Schweineblut Schweineblut Schweineblut
Schweineblut Schweineblut Schweineblut
Schweineblut Schweineblut Schweineblut
Schweineblut Schweineblut Schweineblut
Schweineblut Schweineblut Schweineblut
Schweineblut Schweineblut Schweineblut
Schweineblut Schweineblut Schweineblut
Schweineblut Schweineblut Schweineblut
Schweineblut Schweineblut Schweineblut
Schweineblut Schweineblut Schweineblut
Schweineblut Schweineblut Schweineblut
Schweineblut Schweineblut Schweineblut
Schweineblut Schweineblut Schweineblut
Schweineblut Schweineblut Schweineblut
Schweineblut Schweineblut Schweineblut
Schweineblut Schweineblut Schweineblut
Schweineblut Schweineblut Schweineblut

Schweineblut Schweineblut Schweineblut
Schweineblut Schweineblut Schweineblut
Schweineblut Schweineblut Schweineblut
Schweineblut Schweineblut Schweineblut
Schweineblut Schweineblut Schweineblut
Schweineblut Schweineblut Schweineblut
Schweineblut Schweineblut Schweineblut
Schweineblut Schweineblut Schweineblut
Schweineblut Schweineblut Schweineblut
Schweineblut Schweineblut Schweineblut
Schweineblut Schweineblut Schweineblut
Schweineblut Schweineblut Schweineblut
Schweineblut Schweineblut Schweineblut
Schweineblut Schweineblut Schweineblut
Schweineblut Schweineblut Schweineblut
Schweineblut Schweineblut Schweineblut
Schweineblut Schweineblut Schweineblut
Schweineblut Schweineblut Schweineblut
Schweineblut Schweineblut Schweineblut
Schweineblut Schweineblut Schweineblut
Schweineblut Schweineblut Schweineblut
Schweineblut Schweineblut Schweineblut
Schweineblut Schweineblut Schweineblut
Schweineblut Schweineblut Schweineblut
Schweineblut Schweineblut Schweineblut
Schweineblut Schweineblut Schweineblut
Schweineblut Schweineblut Schweineblut
Schweineblut Schweineblut Schweineblut
Schweineblut Schweineblut Schweineblut
Schweineblut Schweineblut Schweineblut
Schweineblut Schweineblut Schweineblut
Schweineblut Schweineblut Schweineblut
Schweineblut Schweineblut Schweineblut
Schweineblut Schweineblut Schweineblut
Schweineblut Schweineblut Schweineblut
Schweineblut Schweineblut Schweineblut
Schweineblut Schweineblut Schweineblut
Schweineblut Schweineblut Schweineblut

Schweineblut Schweineblut Schweineblut
Schweineblut Schweineblut Schweineblut
Schweineblut Schweineblut Schweineblut
Schweineblut Schweineblut Schweineblut
Schweineblut Schweineblut Schweineblut
Schweineblut Schweineblut Schweineblut
Schweineblut Schweineblut Schweineblut
Schweineblut Schweineblut Schweineblut
Schweineblut Schweineblut Schweineblut
Schweineblut Schweineblut Schweineblut
Schweineblut Schweineblut Schweineblut
Schweineblut Schweineblut Schweineblut
Schweineblut Schweineblut Schweineblut
Schweineblut Schweineblut Schweineblut
Schweineblut Schweineblut Schweineblut
Schweineblut Schweineblut Schweineblut
Schweineblut Schweineblut Schweineblut
Schweineblut Schweineblut Schweineblut
Schweineblut Schweineblut Schweineblut
Schweineblut Schweineblut Schweineblut
Schweineblut Schweineblut Schweineblut
Schweineblut Schweineblut Schweineblut
Schweineblut Schweineblut Schweineblut
Schweineblut Schweineblut Schweineblut
Schweelneblut Schweineblut Schweineblut
Schweineblut Schweineblut Schweineblut
Schweineblut Schweineblut Schweineblut
Schweineblut Schweineblut Schweineblut
Schweineblut Schweineblut Schweineblut
Schweineblut Schweineblut Schweineblut
Schweineblut Schweineblut Schweineblut
Schweineblut Schweineblut Schweineblut
Schweineblut Schweineblut Schweineblut
Schweineblut Schweineblut Schweineblut
Schweineblut Schweineblut Schweineblut
Schweineblut Schweineblut Schweineblut
Schweineblut Schweineblut Schweineblut

Schweineblut Schweineblut Schweineblut
Schweineblut Schweineblut Schweineblut
Schweineblut Schweineblut Schweineblut
Schweineblut Schweineblut Schweineblut
Schweineblut Schweineblut Schweineblut
Schweineblut Schweineblut Schweineblut
Schweineblut Schweineblut Schweineblut
Schweineblut Schweineblut Schweineblut
Schweineblut Schweineblut Schweineblut
Schweineblut Schweineblut Schweineblut
Schweineblut Schweineblut Schweineblut
Schweineblut Schweineblut Schweineblut
Schweineblut Schweineblut Schweineblut
Schweineblut Schweineblut Schweineblut
Schweineblut Schweineblut Schweineblut
Schweineblut Schweineblut Schweineblut
Schweineblut Schweineblut Schweineblut
Schweineblut Schweineblut Schweineblut
Schweineblut Schweineblut Schweineblut
Schweineblut Schweineblut Schweineblut
Schweineblut Schweineblut Schweineblut
Schweineblut Schweineblut Schweineblut
Schweineblut Schweineblut Schweineblut
Schweineblut Schweineblut Schweineblut
Schweineblut Schweineblut Schweineblut
Schweineblut Schweineblut Schweineblut
Schweineblut Schweineblut Schweineblut
Schweineblut Schweineblut Schweineblut
Schweineblut Schweineblut Schweineblut
Schweineblut Schweineblut Schweineblut
Schweineblut Schweineblut Schweineblut
Schweineblut Schweineblut Schweineblut
Schweineblut Schweineblut Schweineblut
Schweineblut Schweineblut Schweineblut
Schweineblut Schweineblut Schweineblut
Schweineblut Schweineblut Schweineblut
Schweineblut Schweineblut Schweineblut
Schweineblut Schweineblut Schweineblut

Schweineblut Schweineblut Schweineblut
Schweineblut Schweineblut Schweineblut
Schweineblut Schweineblut Schweineblut
Schweineblut Schweineblut Schweineblut
Schweineblut Schweineblut Schweineblut
Schweineblut Schweineblut Schweineblut
Schweineblut Schweineblut Schweineblut
Schweineblut Schweineblut Schweineblut
Schweineblut Schweineblut Schweineblut
Schweineblut Schweineblut Schweineblut
Schweineblut Schweineblut Schweineblut
Schweineblut Schweineblut Schweineblut
Schweineblut Schweineblut Schweineblut
Schweineblut Schweineblut Schweineblut
Schweineblut Schweineblut Schweineblut
Schweineblut Schweineblut Schweineblut
Schweineblut Schweineblut Schweineblut
Schweineblut Schweineblut Schweineblut
Schweineblut Schweineblut Schweineblut
Schweineblut Schweineblut Schweineblut
Schweineblut Schweineblut Schweineblut
Schweineblut Schweineblut Schweineblut
Schweineblut Schweineblut Schweineblut
Schweineblut Schweineblut Schweineblut
Schweineblut Schweineblut Schweineblut
Schweineblut Schweineblut Schweineblut
Schweineblut Schweineblut Schweineblut
Schweineblut Schweineblut Schweineblut
Schweineblut Schweineblut Schweineblut
Schweineblut Schweineblut Schweineblut
Schweineblut Schweineblut Schweineblut
Schweineblut Schweineblut Schweineblut
Schweineblut Schweineblut Schweineblut
Schweineblut Schweineblut Schweineblut
Schweineblut Schweineblut Schweineblut
Schweineblut Schweineblut Schweineblut
Schweineblut Schweineblut Schweineblut
Schweineblut Schweineblut Schweineblut

Schweineblut Schweineblut Schweineblut
Schweineblut Schweineblut Schweineblut
Schweineblut Schweineblut Schweineblut
Schweineblut Schweineblut Schweineblut
Schweineblut Schweineblut Schweineblut
Schweineblut Schweineblut Schweineblut
Schweineblut Schweineblut Schweineblut
Schweineblut Schweineblut Schweineblut
Schweineblut Schweineblut Schweineblut
Schweineblut Schweineblut Schweineblut
Schweineblut Schweineblut Schweineblut
Schweineblut Schweineblut Schweineblut
Schweineblut Schweineblut Schweineblut
Schweineblut Schweineblut Schweineblut
Schweineblut Schweineblut Schweineblut
Schweineblut Schweineblut Schweineblut
Schweineblut Schweineblut Schweineblut
Schweineblut Schweineblut Schweineblut
Schweineblut Schweineblut Schweineblut
Schweineblut Schweineblut Schweineblut
Schweineblut Schweineblut Schweineblut
Schweineblut Schweineblut Schweineblut
Schweineblut Schweineblut Schweineblut
Schweineblut Schweineblut Schweineblut
Schweineblut Schweineblut Schweineblut
Schweineblut Schweineblut Schweineblut
Schweineblut Schweineblut Schweineblut
Schweineblut Schweineblut Schweineblut
Schweineblut Schweineblut Schweineblut
Schweineblut Schweineblut Schweineblut
Schweineblut Schweineblut Schweineblut
Schweineblut Schweineblut Schweineblut
Schweineblut Schweineblut Schweineblut
Schweineblut Schweineblut Schweineblut
Schweineblut Schweineblut Schweineblut
Schweineblut Schweineblut Schweineblut
Schweineblut Schweineblut Schweineblut

Schweineblut Schweineblut Schweineblut
Schweineblut Schweineblut Schweineblut
Schweineblut Schweineblut Schweineblut
Schweineblut Schweineblut Schweineblut
Schweineblut Schweineblut Schweineblut
Schweineblut Schweineblut Schweineblut
Schweineblut Schweineblut Schweineblut
Schweineblut Schweineblut Schweineblut
Schweineblut Schweineblut Schweineblut
Schweineblut Schweineblut Schweineblut
Schweineblut Schweineblut Schweineblut
Schweineblut Schweineblut Schweineblut
Schweineblut Schweineblut Schweineblut
Schweineblut Schweineblut Schweineblut
Schweineblut Schweineblut Schweineblut
Schweineblut Schweineblut Schweineblut
Schweineblut Schweineblut Schweineblut
Schweineblut Schweineblut Schweineblut
Schweineblut Schweineblut Schweineblut
Schweineblut Schweineblut Schweineblut
Schweineblut Schweineblut Schweineblut
Schweineblut Schweineblut Schweineblut
Schweineblut Schweineblut Schweineblut
Schweineblut Schweineblut Schweineblut
Schweineblut Schweineblut Schweineblut
Schweineblut Schweineblut Schweineblut
Schweineblut Schweineblut Schweineblut
Schweineblut Schweineblut Schweineblut
Schweineblut Schweineblut Schweineblut
Schweineblut Schweineblut Schweineblut
Schweineblut Schweineblut Schweineblut
Schweineblut Schweineblut Schweineblut
Schweineblut Schweineblut Schweineblut
Schweineblut Schweineblut Schweineblut
Schweineblut Schweineblut Schweineblut
Schweineblut Schweineblut Schweineblut
Schweineblut Schweineblut Schweineblut
Schweineblut Schweineblut Schweineblut

Schweineblut Schweineblut Schweineblut
Schweineblut Schweineblut Schweineblut
Schweineblut Schweineblut Schweineblut
Schweineblut Schweineblut Schweineblut
Schweineblut Schweineblut Schweineblut
Schweineblut Schweineblut Schweineblut
Schweineblut Schweineblut Schweineblut
Schweineblut Schweineblut Schweineblut
Schweineblut Schweineblut Schweineblut
Schweineblut Schweineblut Schweineblut
Schweineblut Schweineblut Schweineblut
Schweineblut Schweineblut Schweineblut
Schweineblut Schweineblut Schweineblut
Schweineblut Schweineblut Schweineblut
Schweineblut Schweineblut Schweineblut
Schweineblut Schweineblut Schweineblut
Schweineblut Schweineblut Schweineblut
Schweineblut Schweineblut Schweineblut
Schweineblut Schweineblut Schweineblut
Schweineblut Schweineblut Schweineblut
Schweineblut Schweineblut Schweineblut
Schweineblut Schweineblut Schweineblut
Schweineblut Schweineblut Schweineblut
Schweineblut Schweineblut Schweineblut
Schweineblut Schweineblut Schweineblut
Schweineblut Schweineblut Schweineblut
Schweineblut Schweineblut Schweineblut
Schweineblut Schweineblut Schweineblut
Schweineblut Schweineblut Schweineblut
Schweineblut Schweineblut Schweineblut
Schweineblut Schweineblut Schweineblut
Schweineblut Schweineblut Schweineblut
Schweineblut Schweineblut Schweineblut
Schweineblut Schweineblut Schweineblut
Schweineblut Schweineblut Schweineblut
Schweineblut Schweineblut Schweineblut

Schweineblut Schweineblut Schweineblut
Schweineblut Schweineblut Schweineblut
Schweineblut Schweineblut Schweineblut
Schweineblut Schweineblut Schweineblut
Schweineblut Schweineblut Schweineblut
Schweineblut Schweineblut Schweineblut
Schweineblut Schweineblut Schweineblut
Schweineblut Schweineblut Schweineblut
Schweineblut Schweineblut Schweineblut
Schweineblut Schweineblut Schweineblut
Schweineblut Schweineblut Schweineblut
Schweineblut Schweineblut Schweineblut
Schweineblut Schweineblut Schweineblut
Schweineblut Schweineblut Schweineblut
Schweineblut Schweineblut Schweineblut
Schweineblut Schweineblut Schweineblut
Schweineblut Schweineblut Schweineblut
Schweineblut Schweineblut Schweineblut
Schweineblut Schweineblut Schweineblut
Schweineblut Schweineblut Schweineblut
Schweineblut Schweineblut Schweineblut
Schweineblut Schweineblut Schweineblut
Schweineblut Schweineblut Schweineblut
Schweineblut Schweineblut Schweineblut
Schweineblut Schweineblut Schweineblut
Schwelneblut Schweineblut Schweineblut
Schweineblut Schweineblut Schweineblut
Schweineblut Schweineblut Schweineblut
Schweineblut Schweineblut Schweineblut
Schweineblut Schweineblut Schweineblut
Schweineblut Schweineblut Schweineblut
Schweineblut Schweineblut Schweineblut
Schweineblut Schweineblut Schweineblut
Schweineblut Schweineblut Schweineblut
Schweineblut Schweineblut Schweineblut
Schweineblut Schweineblut Schweineblut
Schweineblut Schweineblut Schweineblut
Schweineblut Schweineblut Schweineblut

Schweineblut Schweineblut Schweineblut
Schweineblut Schweineblut Schweineblut
Schweineblut Schweineblut Schweineblut
Schweineblut Schweineblut Schweineblut
Schweineblut Schweineblut Schweineblut
Schweineblut Schweineblut Schweineblut
Schweineblut Schweineblut Schweineblut
Schweineblut Schweineblut Schweineblut
Schweineblut Schweineblut Schweineblut
Schweineblut Schweineblut Schweineblut
Schweineblut Schweineblut Schweineblut
Schweineblut Schweineblut Schweineblut
Schweineblut Schweineblut Schweineblut
Schweineblut Schweineblut Schweineblut
Schweineblut Schweineblut Schweineblut
Schweineblut Schweineblut Schweineblut
Schweineblut Schweineblut Schweineblut
Schweineblut Schweineblut Schweineblut
Schweineblut Schweineblut Schweineblut
Schweineblut Schweineblut Schweineblut
Schweineblut Schweineblut Schweineblut
Schweineblut Schweineblut Schweineblut
Schweineblut Schweineblut Schweineblut
Schweineblut Schweineblut Schweineblut
Schweineblut Schweineblut Schweineblut
Schweineblut Schweineblut Schweineblut
Schweineblut Schweineblut Schweineblut
Schweineblut Schweineblut Schweineblut
Schweineblut Schweineblut Schweineblut
Schweineblut Schweineblut Schweineblut
Schweineblut Schweineblut Schweineblut
Schweineblut Schweineblut Schweineblut
Schweineblut Schweineblut Schweineblut
Schweineblut Schweineblut Schweineblut
Schweineblut Schweineblut Schweineblut
Schweineblut Schweineblut Schweineblut
Schweineblut Schweineblut Schweineblut
Schweineblut Schweineblut Schweineblut

Schweineblut Schweineblut Schweineblut
Schweineblut Schweineblut Schweineblut
Schweineblut Schweineblut Schweineblut
Schweineblut Schweineblut Schweineblut
Schweineblut Schweineblut Schweineblut
Schweineblut Schweineblut Schweineblut
Schweineblut Schweineblut Schweineblut
Schweineblut Schweineblut Schweineblut
Schweineblut Schweineblut Schweineblut
Schweineblut Schweineblut Schweineblut
Schweineblut Schweineblut Schweineblut
Schweineblut Schweineblut Schweineblut
Schweineblut Schweineblut Schweineblut
Schweineblut Schweineblut Schweineblut
Schweineblut Schweineblut Schweineblut
Schweineblut Schweineblut Schweineblut
Schweineblut Schweineblut Schweineblut
Schweineblut Schweineblut Schweineblut
Schweineblut Schweineblut Schweineblut
Schweineblut Schweineblut Schweineblut
Schweineblut Schweineblut Schweineblut
Schweineblut Schweineblut Schweineblut
Schweineblut Schweineblut Schweineblut
Schweineblut Schweineblut Schweineblut
Schweineblut Schweineblut Schweineblut
Schwelneblut Schweineblut Schweineblut
Schweineblut Schweineblut Schweineblut
Schweineblut Schweineblut Schweineblut
Schweineblut Schweineblut Schweineblut
Schweineblut Schweineblut Schweineblut
Schweineblut Schweineblut Schweineblut
Schweineblut Schweineblut Schweineblut
Schweineblut Schweineblut Schweineblut
Schweineblut Schweineblut Schweineblut
Schweineblut Schweineblut Schweineblut
Schweineblut Schweineblut Schweineblut
Schweineblut Schweineblut Schweineblut
Schweineblut Schweineblut Schweineblut

Schweineblut Schweineblut Schweineblut
Schweineblut Schweineblut Schweineblut
Schweineblut Schweineblut Schweineblut
Schweineblut Schweineblut Schweineblut
Schweineblut Schweineblut Schweineblut
Schweineblut Schweineblut Schweineblut
Schweineblut Schweineblut Schweineblut
Schweineblut Schweineblut Schweineblut
Schweineblut Schweineblut Schweineblut
Schweineblut Schweineblut Schweineblut
Schweineblut Schweineblut Schweineblut
Schweineblut Schweineblut Schweineblut
Schweineblut Schweineblut Schweineblut
Schweineblut Schweineblut Schweineblut
Schweineblut Schweineblut Schweineblut
Schweineblut Schweineblut Schweineblut
Schweineblut Schweineblut Schweineblut
Schweineblut Schweineblut Schweineblut
Schweineblut Schweineblut Schweineblut
Schweineblut Schweineblut Schweineblut
Schweineblut Schweineblut Schweineblut
Schweineblut Schweineblut Schweineblut
Schweineblut Schweineblut Schweineblut
Schweineblut Schweineblut Schweineblut
Schweineblut Schweineblut Schweineblut
Schweineblut Schweineblut Schweineblut
Schweineblut Schweineblut Schweineblut
Schweineblut Schweineblut Schweineblut
Schweineblut Schweineblut Schweineblut
Schweineblut Schweineblut Schweineblut
Schweineblut Schweineblut Schweineblut
Schweineblut Schweineblut Schweineblut
Schweineblut Schweineblut Schweineblut
Schweineblut Schweineblut Schweineblut
Schweineblut Schweineblut Schweineblut
Schweineblut Schweineblut Schweineblut
Schweineblut Schweineblut Schweineblut
Schweineblut Schweineblut Schweineblut

Schweineblut Schweineblut Schweineblut
Schweineblut Schweineblut Schweineblut
Schweineblut Schweineblut Schweineblut
Schweineblut Schweineblut Schweineblut
Schweineblut Schweineblut Schweineblut
Schweineblut Schweineblut Schweineblut
Schweineblut Schweineblut Schweineblut
Schweineblut Schweineblut Schweineblut
Schweineblut Schweineblut Schweineblut
Schweineblut Schweineblut Schweineblut
Schweineblut Schweineblut Schweineblut
Schweineblut Schweineblut Schweineblut
Schweineblut Schweineblut Schweineblut
Schweineblut Schweineblut Schweineblut
Schweineblut Schweineblut Schweineblut
Schweineblut Schweineblut Schweineblut
Schweineblut Schweineblut Schweineblut
Schweineblut Schweineblut Schweineblut
Schweineblut Schweineblut Schweineblut
Schweineblut Schweineblut Schweineblut
Schweineblut Schweineblut Schweineblut
Schweineblut Schweineblut Schweineblut
Schweineblut Schweineblut Schweineblut
Schweineblut Schweineblut Schweineblut
Schweineblut Schweineblut Schweineblut
Schweineblut Schweineblut Schweineblut
Schweineblut Schweineblut Schweineblut
Schweineblut Schweineblut Schweineblut
Schweineblut Schweineblut Schweineblut
Schweineblut Schweineblut Schweineblut
Schweineblut Schweineblut Schweineblut
Schweineblut Schweineblut Schweineblut
Schweineblut Schweineblut Schweineblut
Schweineblut Schweineblut Schweineblut
Schweineblut Schweineblut Schweineblut
Schweineblut Schweineblut Schweineblut
Schweineblut Schweineblut Schweineblut
Schweineblut Schweineblut Schweineblut
Schweineblut Schweineblut Schweineblut

Schweineblut Schweineblut Schweineblut
Schweineblut Schweineblut Schweineblut
Schweineblut Schweineblut Schweineblut
Schweineblut Schweineblut Schweineblut
Schweineblut Schweineblut Schweineblut
Schweineblut Schweineblut Schweineblut
Schweineblut Schweineblut Schweineblut
Schweineblut Schweineblut Schweineblut
Schweineblut Schweineblut Schweineblut
Schweineblut Schweineblut Schweineblut
Schweineblut Schweineblut Schweineblut
Schweineblut Schweineblut Schweineblut
Schweineblut Schweineblut Schweineblut
Schweineblut Schweineblut Schweineblut
Schweineblut Schweineblut Schweineblut
Schweineblut Schweineblut Schweineblut
Schweineblut Schweineblut Schweineblut
Schweineblut Schweineblut Schweineblut
Schweineblut Schweineblut Schweineblut
Schweineblut Schweineblut Schweineblut
Schweineblut Schweineblut Schweineblut
Schweineblut Schweineblut Schweineblut
Schweineblut Schweineblut Schweineblut
Schweineblut Schweineblut Schweineblut
Schweineblut Schweineblut Schweineblut
Schweineblut Schweineblut Schweineblut
Schweineblut Schweineblut Schweineblut
Schweineblut Schweineblut Schweineblut
Schweineblut Schweineblut Schweineblut
Schweineblut Schweineblut Schweineblut
Schweineblut Schweineblut Schweineblut
Schweineblut Schweineblut Schweineblut
Schweineblut Schweineblut Schweineblut
Schweineblut Schweineblut Schweineblut
Schweineblut Schweineblut Schweineblut
Schweineblut Schweineblut Schweineblut
Schweineblut Schweineblut Schweineblut

Schweineblut Schweineblut Schweineblut
Schweineblut Schweineblut Schweineblut
Schweineblut Schweineblut Schweineblut
Schweineblut Schweineblut Schweineblut
Schweineblut Schweineblut Schweineblut
Schweineblut Schweineblut Schweineblut
Schweineblut Schweineblut Schweineblut
Schweineblut Schweineblut Schweineblut
Schweineblut Schweineblut Schweineblut
Schweineblut Schweineblut Schweineblut
Schweineblut Schweineblut Schweineblut
Schweineblut Schweineblut Schweineblut
Schweineblut Schweineblut Schweineblut
Schweineblut Schweineblut Schweineblut
Schweineblut Schweineblut Schweineblut
Schweineblut Schweineblut Schweineblut
Schweineblut Schweineblut Schweineblut
Schweineblut Schweineblut Schweineblut
Schweineblut Schweineblut Schweineblut
Schweineblut Schweineblut Schweineblut
Schweineblut Schweineblut Schweineblut
Schweineblut Schweineblut Schweineblut
Schweineblut Schweineblut Schweineblut
Schweineblut Schweineblut Schweineblut
Schweineblut Schweineblut Schweineblut
Schweineblut Schweineblut Schweineblut
Schweineblut Schweineblut Schweineblut
Schweineblut Schweineblut Schweineblut
Schweineblut Schweineblut Schweineblut
Schweineblut Schweineblut Schweineblut
Schweineblut Schweineblut Schweineblut
Schweineblut Schweineblut Schweineblut
Schweineblut Schweineblut Schweineblut
Schweineblut Schweineblut Schweineblut
Schweineblut Schweineblut Schweineblut
Schweineblut Schweineblut Schweineblut
Schweineblut Schweineblut Schweineblut

Schweineblut Schweineblut Schweineblut
Schweineblut Schweineblut Schweineblut
Schweineblut Schweineblut Schweineblut
Schweineblut Schweineblut Schweineblut
Schweineblut Schweineblut Schweineblut
Schweineblut Schweineblut Schweineblut
Schweineblut Schweineblut Schweineblut
Schweineblut Schweineblut Schweineblut
Schweineblut Schweineblut Schweineblut
Schweineblut Schweineblut Schweineblut
Schweineblut Schweineblut Schweineblut
Schweineblut Schweineblut Schweineblut
Schweineblut Schweineblut Schweineblut
Schweineblut Schweineblut Schweineblut
Schweineblut Schweineblut Schweineblut
Schweineblut Schweineblut Schweineblut
Schweineblut Schweineblut Schweineblut
Schweineblut Schweineblut Schweineblut
Schweineblut Schweineblut Schweineblut
Schweineblut Schweineblut Schweineblut
Schweineblut Schweineblut Schweineblut
Schweineblut Schweineblut Schweineblut
Schweineblut Schweineblut Schweineblut
Schweineblut Schweineblut Schweineblut
Schweineblut Schweineblut Schweineblut
Schweineblut Schweineblut Schweineblut
Schweineblut Schweineblut Schweineblut
Schweineblut Schweineblut Schweineblut
Schweineblut Schweineblut Schweineblut
Schweineblut Schweineblut Schweineblut
Schweineblut Schweineblut Schweineblut
Schweineblut Schweineblut Schweineblut
Schweineblut Schweineblut Schweineblut
Schweineblut Schweineblut Schweineblut
Schweineblut Schweineblut Schweineblut
Schweineblut Schweineblut Schweineblut
Schweineblut Schweineblut Schweineblut

Schweineblut Schweineblut Schweineblut
Schweineblut Schweineblut Schweineblut
Schweineblut Schweineblut Schweineblut
Schweineblut Schweineblut Schweineblut
Schweineblut Schweineblut Schweineblut
Schweineblut Schweineblut Schweineblut
Schweineblut Schweineblut Schweineblut
Schweineblut Schweineblut Schweineblut
Schweineblut Schweineblut Schweineblut
Schweineblut Schweineblut Schweineblut
Schweineblut Schweineblut Schweineblut
Schweineblut Schweineblut Schweineblut
Schweineblut Schweineblut Schweineblut
Schweineblut Schweineblut Schweineblut
Schweineblut Schweineblut Schweineblut
Schweineblut Schweineblut Schweineblut
Schweineblut Schweineblut Schweineblut
Schweineblut Schweineblut Schweineblut
Schweineblut Schweineblut Schweineblut
Schweineblut Schweineblut Schweineblut
Schweineblut Schweineblut Schweineblut
Schweineblut Schweineblut Schweineblut
Schweineblut Schweineblut Schweineblut
Schweineblut Schweineblut Schweineblut
Schweineblut Schweineblut Schweineblut
Schweineblut Schweineblut Schweineblut
Schweineblut Schweineblut Schweineblut
Schweineblut Schweineblut Schweineblut
Schweineblut Schweineblut Schweineblut
Schweineblut Schweineblut Schweineblut
Schweineblut Schweineblut Schweineblut
Schweineblut Schweineblut Schweineblut
Schweineblut Schweineblut Schweineblut
Schweineblut Schweineblut Schweineblut
Schweineblut Schweineblut Schweineblut
Schweineblut Schweineblut Schweineblut
Schweineblut Schweineblut Schweineblut

Schweineblut Schweineblut Schweineblut
Schweineblut Schweineblut Schweineblut
Schweineblut Schweineblut Schweineblut
Schweineblut Schweineblut Schweineblut
Schweineblut Schweineblut Schweineblut
Schweineblut Schweineblut Schweineblut
Schweineblut Schweineblut Schweineblut
Schweineblut Schweineblut Schweineblut
Schweineblut Schweineblut Schweineblut
Schweineblut Schweineblut Schweineblut
Schweineblut Schweineblut Schweineblut
Schweineblut Schweineblut Schweineblut
Schweineblut Schweineblut Schweineblut
Schweineblut Schweineblut Schweineblut
Schweineblut Schweineblut Schweineblut
Schweineblut Schweineblut Schweineblut
Schweineblut Schweineblut Schweineblut
Schweineblut Schweineblut Schweineblut
Schweineblut Schweineblut Schweineblut
Schweineblut Schweineblut Schweineblut
Schweineblut Schweineblut Schweineblut
Schweineblut Schweineblut Schweineblut
Schweineblut Schweineblut Schweineblut
Schweineblut Schweineblut Schweineblut
Schweineblut Schweineblut Schweineblut
Schweineblut Schweineblut Schweineblut
Schweineblut Schweineblut Schweineblut
Schweineblut Schweineblut Schweineblut
Schweineblut Schweineblut Schweineblut
Schweineblut Schweineblut Schweineblut
Schweineblut Schweineblut Schweineblut
Schweineblut Schweineblut Schweineblut
Schweineblut Schweineblut Schweineblut
Schweineblut Schweineblut Schweineblut
Schweineblut Schweineblut Schweineblut
Schweineblut Schweineblut Schweineblut
Schweineblut Schweineblut Schweineblut

Schweineblut Schweineblut Schweineblut
Schweineblut Schweineblut Schweineblut
Schweineblut Schweineblut Schweineblut
Schweineblut Schweineblut Schweineblut
Schweineblut Schweineblut Schweineblut
Schweineblut Schweineblut Schweineblut
Schweineblut Schweineblut Schweineblut
Schweineblut Schweineblut Schweineblut
Schweineblut Schweineblut Schweineblut
Schweineblut Schweineblut Schweineblut
Schweineblut Schweineblut Schweineblut
Schweineblut Schweineblut Schweineblut
Schweineblut Schweineblut Schweineblut
Schweineblut Schweineblut Schweineblut
Schweineblut Schweineblut Schweineblut
Schweineblut Schweineblut Schweineblut
Schweineblut Schweineblut Schweineblut
Schweineblut Schweineblut Schweineblut
Schweineblut Schweineblut Schweineblut
Schweineblut Schweineblut Schweineblut
Schweineblut Schweineblut Schweineblut
Schweineblut Schweineblut Schweineblut
Schweineblut Schweineblut Schweineblut
Schweineblut Schweineblut Schweineblut
Schwcincblut Schwoinoblut Schwoinoblut
Schweineblut Schweineblut Schweineblut
Schweineblut Schweineblut Schweineblut
Schweineblut Schweineblut Schweineblut
Schweineblut Schweineblut Schweineblut
Schweineblut Schweineblut Schweineblut
Schweineblut Schweineblut Schweineblut
Schweineblut Schweineblut Schweineblut
Schweineblut Schweineblut Schweineblut
Schweineblut Schweineblut Schweineblut
Schweineblut Schweineblut Schweineblut
Schweineblut Schweineblut Schweineblut
Schweineblut Schweineblut Schweineblut

Schweineblut Schweineblut Schweineblut
Schweineblut Schweineblut Schweineblut
Schweineblut Schweineblut Schweineblut
Schweineblut Schweineblut Schweineblut
Schweineblut Schweineblut Schweineblut
Schweineblut Schweineblut Schweineblut
Schweineblut Schweineblut Schweineblut
Schweineblut Schweineblut Schweineblut
Schweineblut Schweineblut Schweineblut
Schweineblut Schweineblut Schweineblut
Schweineblut Schweineblut Schweineblut
Schweineblut Schweineblut Schweineblut
Schweineblut Schweineblut Schweineblut
Schweineblut Schweineblut Schweineblut
Schweineblut Schweineblut Schweineblut
Schweineblut Schweineblut Schweineblut
Schweineblut Schweineblut Schweineblut
Schweineblut Schweineblut Schweineblut
Schweineblut Schweineblut Schweineblut
Schweineblut Schweineblut Schweineblut
Schweineblut Schweineblut Schweineblut
Schweineblut Schweineblut Schweineblut
Schweineblut Schweineblut Schweineblut
Schweineblut Schweineblut Schweineblut
Schweineblut Schweineblut Schweineblut
Schweineblut Schweineblut Schweineblut
Schweineblut Schweineblut Schweineblut
Schweineblut Schweineblut Schweineblut
Schweineblut Schweineblut Schweineblut
Schweineblut Schweineblut Schweineblut
Schweineblut Schweineblut Schweineblut
Schweineblut Schweineblut Schweineblut
Schweineblut Schweineblut Schweineblut
Schweineblut Schweineblut Schweineblut
Schweineblut Schweineblut Schweineblut
Schweineblut Schweineblut Schweineblut
Schweineblut Schweineblut Schweineblut

Schweineblut Schweineblut Schweineblut
Schweineblut Schweineblut Schweineblut
Schweineblut Schweineblut Schweineblut
Schweineblut Schweineblut Schweineblut
Schweineblut Schweineblut Schweineblut
Schweineblut Schweineblut Schweineblut
Schweineblut Schweineblut Schweineblut
Schweineblut Schweineblut Schweineblut
Schweineblut Schweineblut Schweineblut
Schweineblut Schweineblut Schweineblut
Schweineblut Schweineblut Schweineblut
Schweineblut Schweineblut Schweineblut
Schweineblut Schweineblut Schweineblut
Schweineblut Schweineblut Schweineblut
Schweineblut Schweineblut Schweineblut
Schweineblut Schweineblut Schweineblut
Schweineblut Schweineblut Schweineblut
Schweineblut Schweineblut Schweineblut
Schweineblut Schweineblut Schweineblut
Schweineblut Schweineblut Schweineblut
Schweineblut Schweineblut Schweineblut
Schweineblut Schweineblut Schweineblut
Schweineblut Schweineblut Schweineblut
Schweineblut Schweineblut Schweineblut
Schweineblut Schweineblut Schweineblut
Schweineblut Schweineblut Schweineblut
Schweineblut Schweineblut Schweineblut
Schweineblut Schweineblut Schweineblut
Schweineblut Schweineblut Schweineblut
Schweineblut Schweineblut Schweineblut
Schweineblut Schweineblut Schweineblut
Schweineblut Schweineblut Schweineblut
Schweineblut Schweineblut Schweineblut
Schweineblut Schweineblut Schweineblut
Schweineblut Schweineblut Schweineblut
Schweineblut Schweineblut Schweineblut
Schweineblut Schweineblut Schweineblut
Schweineblut Schweineblut Schweineblut

Schweineblut Schweineblut Schweineblut
Schweineblut Schweineblut Schweineblut
Schweineblut Schweineblut Schweineblut
Schweineblut Schweineblut Schweineblut
Schweineblut Schweineblut Schweineblut
Schweineblut Schweineblut Schweineblut
Schweineblut Schweineblut Schweineblut
Schweineblut Schweineblut Schweineblut
Schweineblut Schweineblut Schweineblut
Schweineblut Schweineblut Schweineblut
Schweineblut Schweineblut Schweineblut
Schweineblut Schweineblut Schweineblut
Schweineblut Schweineblut Schweineblut
Schweineblut Schweineblut Schweineblut
Schweineblut Schweineblut Schweineblut
Schweineblut Schweineblut Schweineblut
Schweineblut Schweineblut Schweineblut
Schweineblut Schweineblut Schweineblut
Schweineblut Schweineblut Schweineblut
Schweineblut Schweineblut Schweineblut
Schweineblut Schweineblut Schweineblut
Schweineblut Schweineblut Schweineblut
Schweineblut Schweineblut Schweineblut
Schweineblut Schweineblut Schweineblut
Schweineblut Schweineblut Schweineblut
Schweineblut Schweineblut Schweineblut
Schweineblut Schweineblut Schweineblut
Schweineblut Schweineblut Schweineblut
Schweineblut Schweineblut Schweineblut
Schweineblut Schweineblut Schweineblut
Schweineblut Schweineblut Schweineblut
Schweineblut Schweineblut Schweineblut
Schweineblut Schweineblut Schweineblut
Schweineblut Schweineblut Schweineblut
Schweineblut Schweineblut Schweineblut
Schweineblut Schweineblut Schweineblut
Schweineblut Schweineblut Schweineblut

Schweineblut Schweineblut Schweineblut
Schweineblut Schweineblut Schweineblut
Schweineblut Schweineblut Schweineblut
Schweineblut Schweineblut Schweineblut
Schweineblut Schweineblut Schweineblut
Schweineblut Schweineblut Schweineblut
Schweineblut Schweineblut Schweineblut
Schweineblut Schweineblut Schweineblut
Schweineblut Schweineblut Schweineblut
Schweineblut Schweineblut Schweineblut
Schweineblut Schweineblut Schweineblut
Schweineblut Schweineblut Schweineblut
Schweineblut Schweineblut Schweineblut
Schweineblut Schweineblut Schweineblut
Schweineblut Schweineblut Schweineblut
Schweineblut Schweineblut Schweineblut
Schweineblut Schweineblut Schweineblut
Schweineblut Schweineblut Schweineblut
Schweineblut Schweineblut Schweineblut
Schweineblut Schweineblut Schweineblut
Schweineblut Schweineblut Schweineblut
Schweineblut Schweineblut Schweineblut
Schweineblut Schweineblut Schweineblut
Schweineblut Schweineblut Schweineblut
Schweineblut Schweineblut Schweineblut
Schweineblut Schweineblut Schweineblut
Schweineblut Schweineblut Schweineblut
Schweineblut Schweineblut Schweineblut
Schweineblut Schweineblut Schweineblut
Schweineblut Schweineblut Schweineblut
Schweineblut Schweineblut Schweineblut
Schweineblut Schweineblut Schweineblut
Schweineblut Schweineblut Schweineblut
Schweineblut Schweineblut Schweineblut
Schweineblut Schweineblut Schweineblut
Schweineblut Schweineblut Schweineblut
Schweineblut Schweineblut Schweineblut
Schweineblut Schweineblut Schweineblut

Schweineblut Schweineblut Schweineblut
Schweineblut Schweineblut Schweineblut
Schweineblut Schweineblut Schweineblut
Schweineblut Schweineblut Schweineblut
Schweineblut Schweineblut Schweineblut
Schweineblut Schweineblut Schweineblut
Schweineblut Schweineblut Schweineblut
Schweineblut Schweineblut Schweineblut
Schweineblut Schweineblut Schweineblut
Schweineblut Schweineblut Schweineblut
Schweineblut Schweineblut Schweineblut
Schweineblut Schweineblut Schweineblut
Schweineblut Schweineblut Schweineblut
Schweineblut Schweineblut Schweineblut
Schweineblut Schweineblut Schweineblut
Schweineblut Schweineblut Schweineblut
Schweineblut Schweineblut Schweineblut
Schweineblut Schweineblut Schweineblut
Schweineblut Schweineblut Schweineblut
Schweineblut Schweineblut Schweineblut
Schweineblut Schweineblut Schweineblut
Schweineblut Schweineblut Schweineblut
Schweineblut Schweineblut Schweineblut
Schweineblut Schweineblut Schweineblut
Schweineblut Schweineblut Schweineblut
Schweineblut Schweineblut Schweineblut
Schweineblut Schweineblut Schweineblut
Schweineblut Schweineblut Schweineblut
Schweineblut Schweineblut Schweineblut
Schweineblut Schweineblut Schweineblut
Schweineblut Schweineblut Schweineblut
Schweineblut Schweineblut Schweineblut
Schweineblut Schweineblut Schweineblut
Schweineblut Schweineblut Schweineblut
Schweineblut Schweineblut Schweineblut
Schweineblut Schweineblut Schweineblut
Schweineblut Schweineblut Schweineblut
Schweineblut Schweineblut Schweineblut

Schweineblut Schweineblut Schweineblut
Schweineblut Schweineblut Schweineblut
Schweineblut Schweineblut Schweineblut
Schweineblut Schweineblut Schweineblut
Schweineblut Schweineblut Schweineblut
Schweineblut Schweineblut Schweineblut
Schweineblut Schweineblut Schweineblut
Schweineblut Schweineblut Schweineblut
Schweineblut Schweineblut Schweineblut
Schweineblut Schweineblut Schweineblut
Schweineblut Schweineblut Schweineblut
Schweineblut Schweineblut Schweineblut
Schweineblut Schweineblut Schweineblut
Schweineblut Schweineblut Schweineblut
Schweineblut Schweineblut Schweineblut
Schweineblut Schweineblut Schweineblut
Schweineblut Schweineblut Schweineblut
Schweineblut Schweineblut Schweineblut
Schweineblut Schweineblut Schweineblut
Schweineblut Schweineblut Schweineblut
Schweineblut Schweineblut Schweineblut
Schweineblut Schweineblut Schweineblut
Schweineblut Schweineblut Schweineblut
Schweineblut Schweineblut Schweineblut
Schweineblut Schweineblut Schweineblut
Schweineblut Schweineblut Schweineblut
Schweineblut Schweineblut Schweineblut
Schweineblut Schweineblut Schweineblut
Schweineblut Schweineblut Schweineblut
Schweineblut Schweineblut Schweineblut
Schweineblut Schweineblut Schweineblut
Schweineblut Schweineblut Schweineblut
Schweineblut Schweineblut Schweineblut
Schweineblut Schweineblut Schweineblut
Schweineblut Schweineblut Schweineblut
Schweineblut Schweineblut Schweineblut
Schweineblut Schweineblut Schweineblut
Schweineblut Schweineblut Schweineblut

Schweineblut Schweineblut Schweineblut
Schweineblut Schweineblut Schweineblut
Schweineblut Schweineblut Schweineblut
Schweineblut Schweineblut Schweineblut
Schweineblut Schweineblut Schweineblut
Schweineblut Schweineblut Schweineblut
Schweineblut Schweineblut Schweineblut
Schweineblut Schweineblut Schweineblut
Schweineblut Schweineblut Schweineblut
Schweineblut Schweineblut Schweineblut
Schweineblut Schweineblut Schweineblut
Schweineblut Schweineblut Schweineblut
Schweineblut Schweineblut Schweineblut
Schweineblut Schweineblut Schweineblut
Schweineblut Schweineblut Schweineblut
Schweineblut Schweineblut Schweineblut
Schweineblut Schweineblut Schweineblut
Schweineblut Schweineblut Schweineblut
Schweineblut Schweineblut Schweineblut
Schweineblut Schweineblut Schweineblut
Schweineblut Schweineblut Schweineblut
Schweineblut Schweineblut Schweineblut
Schweineblut Schweineblut Schweineblut
Schweineblut Schweineblut Schweineblut
Schweineblut Schweineblut Schweineblut
Schweineblut Schweineblut Schweineblut
Schweineblut Schweineblut Schweineblut
Schweineblut Schweineblut Schweineblut
Schweineblut Schweineblut Schweineblut
Schweineblut Schweineblut Schweineblut
Schweineblut Schweineblut Schweineblut
Schweineblut Schweineblut Schweineblut
Schweineblut Schweineblut Schweineblut
Schweineblut Schweineblut Schweineblut
Schweineblut Schweineblut Schweineblut
Schweineblut Schweineblut Schweineblut

Schweineblut Schweineblut Schweineblut
Schweineblut Schweineblut Schweineblut
Schweineblut Schweineblut Schweineblut
Schweineblut Schweineblut Schweineblut
Schweineblut Schweineblut Schweineblut
Schweineblut Schweineblut Schweineblut
Schweineblut Schweineblut Schweineblut
Schweineblut Schweineblut Schweineblut
Schweineblut Schweineblut Schweineblut
Schweineblut Schweineblut Schweineblut
Schweineblut Schweineblut Schweineblut
Schweineblut Schweineblut Schweineblut
Schweineblut Schweineblut Schweineblut
Schweineblut Schweineblut Schweineblut
Schweineblut Schweineblut Schweineblut
Schweineblut Schweineblut Schweineblut
Schweineblut Schweineblut Schweineblut
Schweineblut Schweineblut Schweineblut
Schweineblut Schweineblut Schweineblut
Schweineblut Schweineblut Schweineblut
Schweineblut Schweineblut Schweineblut
Schweineblut Schweineblut Schweineblut
Schweineblut Schweineblut Schweineblut
Schweineblut Schweineblut Schweineblut
Schweineblut Schweineblut Schweineblut
Schweineblut Schweineblut Schweineblut
Schweineblut Schweineblut Schweineblut
Schweineblut Schweineblut Schweineblut
Schweineblut Schweineblut Schweineblut
Schweineblut Schweineblut Schweineblut
Schweineblut Schweineblut Schweineblut
Schweineblut Schweineblut Schweineblut
Schweineblut Schweineblut Schweineblut
Schweineblut Schweineblut Schweineblut
Schweineblut Schweineblut Schweineblut
Schweineblut Schweineblut Schweineblut
Schweineblut Schweineblut Schweineblut
Schweineblut Schweineblut Schweineblut

Schweineblut Schweineblut Schweineblut
Schweineblut Schweineblut Schweineblut
Schweineblut Schweineblut Schweineblut
Schweineblut Schweineblut Schweineblut
Schweineblut Schweineblut Schweineblut
Schweineblut Schweineblut Schweineblut
Schweineblut Schweineblut Schweineblut
Schweineblut Schweineblut Schweineblut
Schweineblut Schweineblut Schweineblut
Schweineblut Schweineblut Schweineblut
Schweineblut Schweineblut Schweineblut
Schweineblut Schweineblut Schweineblut
Schweineblut Schweineblut Schweineblut
Schweineblut Schweineblut Schweineblut
Schweineblut Schweineblut Schweineblut
Schweineblut Schweineblut Schweineblut
Schweineblut Schweineblut Schweineblut
Schweineblut Schweineblut Schweineblut
Schweineblut Schweineblut Schweineblut
Schweineblut Schweineblut Schweineblut
Schweineblut Schweineblut Schweineblut
Schweineblut Schweineblut Schweineblut
Schweineblut Schweineblut Schweineblut
Schweineblut Schweineblut Schweineblut
Schweineblut Schweineblut Schweineblut
Schweineblut Schweineblut Schweineblut
Schweineblut Schweineblut Schweineblut
Schweineblut Schweineblut Schweineblut
Schweineblut Schweineblut Schweineblut
Schweineblut Schweineblut Schweineblut
Schweineblut Schweineblut Schweineblut
Schweineblut Schweineblut Schweineblut
Schweineblut Schweineblut Schweineblut
Schweineblut Schweineblut Schweineblut
Schweineblut Schweineblut Schweineblut
Schweineblut Schweineblut Schweineblut
Schweineblut Schweineblut Schweineblut
Schweineblut Schweineblut Schweineblut

Schweineblut Schweineblut Schweineblut
Schweineblut Schweineblut Schweineblut
Schweineblut Schweineblut Schweineblut
Schweineblut Schweineblut Schweineblut
Schweineblut Schweineblut Schweineblut
Schweineblut Schweineblut Schweineblut
Schweineblut Schweineblut Schweineblut
Schweineblut Schweineblut Schweineblut
Schweineblut Schweineblut Schweineblut
Schweineblut Schweineblut Schweineblut
Schweineblut Schweineblut Schweineblut
Schweineblut Schweineblut Schweineblut
Schweineblut Schweineblut Schweineblut
Schweineblut Schweineblut Schweineblut
Schweineblut Schweineblut Schweineblut
Schweineblut Schweineblut Schweineblut
Schweineblut Schweineblut Schweineblut
Schweineblut Schweineblut Schweineblut
Schweineblut Schweineblut Schweineblut
Schweineblut Schweineblut Schweineblut
Schweineblut Schweineblut Schweineblut
Schweineblut Schweineblut Schweineblut
Schweineblut Schweineblut Schweineblut
Schweineblut Schweineblut Schweineblut
Schweineblut Schweineblut Schweineblut
Schweineblut Schweineblut Schweineblut
Schweineblut Schweineblut Schweineblut
Schweineblut Schweineblut Schweineblut
Schweineblut Schweineblut Schweineblut
Schweineblut Schweineblut Schweineblut
Schweineblut Schweineblut Schweineblut
Schweineblut Schweineblut Schweineblut
Schweineblut Schweineblut Schweineblut
Schweineblut Schweineblut Schweineblut
Schweineblut Schweineblut Schweineblut
Schweineblut Schweineblut Schweineblut
Schweineblut Schweineblut Schweineblut
Schweineblut Schweineblut Schweineblut

Schweineblut Schweineblut Schweineblut
Schweineblut Schweineblut Schweineblut
Schweineblut Schweineblut Schweineblut
Schweineblut Schweineblut Schweineblut
Schweineblut Schweineblut Schweineblut
Schweineblut Schweineblut Schweineblut
Schweineblut Schweineblut Schweineblut
Schweineblut Schweineblut Schweineblut
Schweineblut Schweineblut Schweineblut
Schweineblut Schweineblut Schweineblut
Schweineblut Schweineblut Schweineblut
Schweineblut Schweineblut Schweineblut
Schweineblut Schweineblut Schweineblut
Schweineblut Schweineblut Schweineblut
Schweineblut Schweineblut Schweineblut
Schweineblut Schweineblut Schweineblut
Schweineblut Schweineblut Schweineblut
Schweineblut Schweineblut Schweineblut
Schweineblut Schweineblut Schweineblut
Schweineblut Schweineblut Schweineblut
Schweineblut Schweineblut Schweineblut
Schweineblut Schweineblut Schweineblut
Schweineblut Schweineblut Schweineblut
Schweineblut Schweineblut Schweineblut
Schweineblut Schweineblut Schweineblut
Schweineblut Schweineblut Schweineblut
Schweineblut Schweineblut Schweineblut
Schweineblut Schweineblut Schweineblut
Schweineblut Schweineblut Schweineblut
Schweineblut Schweineblut Schweineblut
Schweineblut Schweineblut Schweineblut
Schweineblut Schweineblut Schweineblut
Schweineblut Schweineblut Schweineblut
Schweineblut Schweineblut Schweineblut
Schweineblut Schweineblut Schweineblut
Schweineblut Schweineblut Schweineblut
Schweineblut Schweineblut Schweineblut
Schweineblut Schweineblut Schweineblut

Schweineblut Schweineblut Schweineblut
Schweineblut Schweineblut Schweineblut
Schweineblut Schweineblut Schweineblut
Schweineblut Schweineblut Schweineblut
Schweineblut Schweineblut Schweineblut
Schweineblut Schweineblut Schweineblut
Schweineblut Schweineblut Schweineblut
Schweineblut Schweineblut Schweineblut
Schweineblut Schweineblut Schweineblut
Schweineblut Schweineblut Schweineblut
Schweineblut Schweineblut Schweineblut
Schweineblut Schweineblut Schweineblut
Schweineblut Schweineblut Schweineblut
Schweineblut Schweineblut Schweineblut
Schweineblut Schweineblut Schweineblut
Schweineblut Schweineblut Schweineblut
Schweineblut Schweineblut Schweineblut
Schweineblut Schweineblut Schweineblut
Schweineblut Schweineblut Schweineblut
Schweineblut Schweineblut Schweineblut
Schweineblut Schweineblut Schweineblut
Schweineblut Schweineblut Schweineblut
Schweineblut Schweineblut Schweineblut
Schweineblut Schweineblut Schweineblut
Schweineblut Schweineblut Schweineblut
Schweineblut Schweineblut Schweineblut
Schweineblut Schweineblut Schweineblut
Schweineblut Schweineblut Schweineblut
Schweineblut Schweineblut Schweineblut
Schweineblut Schweineblut Schweineblut
Schweineblut Schweineblut Schweineblut
Schweineblut Schweineblut Schweineblut
Schweineblut Schweineblut Schweineblut
Schweineblut Schweineblut Schweineblut
Schweineblut Schweineblut Schweineblut
Schweineblut Schweineblut Schweineblut

Schweineblut Schweineblut Schweineblut
Schweineblut Schweineblut Schweineblut
Schweineblut Schweineblut Schweineblut
Schweineblut Schweineblut Schweineblut
Schweineblut Schweineblut Schweineblut
Schweineblut Schweineblut Schweineblut
Schweineblut Schweineblut Schweineblut
Schweineblut Schweineblut Schweineblut
Schweineblut Schweineblut Schweineblut
Schweineblut Schweineblut Schweineblut
Schweineblut Schweineblut Schweineblut
Schweineblut Schweineblut Schweineblut
Schweineblut Schweineblut Schweineblut
Schweineblut Schweineblut Schweineblut
Schweineblut Schweineblut Schweineblut
Schweineblut Schweineblut Schweineblut
Schweineblut Schweineblut Schweineblut
Schweineblut Schweineblut Schweineblut
Schweineblut Schweineblut Schweineblut
Schweineblut Schweineblut Schweineblut
Schweineblut Schweineblut Schweineblut
Schweineblut Schweineblut Schweineblut
Schweineblut Schweineblut Schweineblut
Schweineblut Schweineblut Schweineblut
Schweineblut Schweineblut Schweineblut
Schweineblut Schweineblut Schweineblut
Schweineblut Schweineblut Schweineblut
Schweineblut Schweineblut Schweineblut
Schweineblut Schweineblut Schweineblut
Schweineblut Schweineblut Schweineblut
Schweineblut Schweineblut Schweineblut
Schweineblut Schweineblut Schweineblut
Schweineblut Schweineblut Schweineblut
Schweineblut Schweineblut Schweineblut
Schweineblut Schweineblut Schweineblut
Schweineblut Schweineblut Schweineblut

Schweineblut Schweineblut Schweineblut
Schweineblut Schweineblut Schweineblut
Schweineblut Schweineblut Schweineblut
Schweineblut Schweineblut Schweineblut
Schweineblut Schweineblut Schweineblut
Schweineblut Schweineblut Schweineblut
Schweineblut Schweineblut Schweineblut
Schweineblut Schweineblut Schweineblut
Schweineblut Schweineblut Schweineblut
Schweineblut Schweineblut Schweineblut
Schweineblut Schweineblut Schweineblut
Schweineblut Schweineblut Schweineblut
Schweineblut Schweineblut Schweineblut
Schweineblut Schweineblut Schweineblut
Schweineblut Schweineblut Schweineblut
Schweineblut Schweineblut Schweineblut
Schweineblut Schweineblut Schweineblut
Schweineblut Schweineblut Schweineblut
Schweineblut Schweineblut Schweineblut
Schweineblut Schweineblut Schweineblut
Schweineblut Schweineblut Schweineblut
Schweineblut Schweineblut Schweineblut
Schweineblut Schweineblut Schweineblut
Schweineblut Schweineblut Schweineblut
Schweineblut Schweineblut Schweineblut
Schweineblut Schweineblut Schweineblut
Schweineblut Schweineblut Schweineblut
Schweineblut Schweineblut Schweineblut
Schweineblut Schweineblut Schweineblut
Schweineblut Schweineblut Schweineblut
Schweineblut Schweineblut Schweineblut
Schweineblut Schweineblut Schweineblut
Schweineblut Schweineblut Schweineblut
Schweineblut Schweineblut Schweineblut
Schweineblut Schweineblut Schweineblut
Schweineblut Schweineblut Schweineblut
Schweineblut Schweineblut Schweineblut
Schweineblut Schweineblut Schweineblut
Schweineblut Schweineblut Schweineblut

Schweineblut Schweineblut Schweineblut
Schweineblut Schweineblut Schweineblut
Schweineblut Schweineblut Schweineblut
Schweineblut Schweineblut Schweineblut
Schweineblut Schweineblut Schweineblut
Schweineblut Schweineblut Schweineblut
Schweineblut Schweineblut Schweineblut
Schweineblut Schweineblut Schweineblut
Schweineblut Schweineblut Schweineblut
Schweineblut Schweineblut Schweineblut
Schweineblut Schweineblut Schweineblut
Schweineblut Schweineblut Schweineblut
Schweineblut Schweineblut Schweineblut
Schweineblut Schweineblut Schweineblut
Schweineblut Schweineblut Schweineblut
Schweineblut Schweineblut Schweineblut
Schweineblut Schweineblut Schweineblut
Schweineblut Schweineblut Schweineblut
Schweineblut Schweineblut Schweineblut
Schweineblut Schweineblut Schweineblut
Schweineblut Schweineblut Schweineblut
Schweineblut Schweineblut Schweineblut
Schweineblut Schweineblut Schweineblut
Schweineblut Schweineblut Schweineblut
Schweineblut Schweineblut Schweineblut
Schweineblut Schweineblut Schweineblut
Schweineblut Schweineblut Schweineblut
Schweineblut Schweineblut Schweineblut
Schweineblut Schweineblut Schweineblut
Schweineblut Schweineblut Schweineblut
Schweineblut Schweineblut Schweineblut
Schweineblut Schweineblut Schweineblut
Schweineblut Schweineblut Schweineblut
Schweineblut Schweineblut Schweineblut
Schweineblut Schweineblut Schweineblut
Schweineblut Schweineblut Schweineblut
Schweineblut Schweineblut Schweineblut
Schweineblut Schweineblut Schweineblut

Schweineblut Schweineblut Schweineblut
Schweineblut Schweineblut Schweineblut
Schweineblut Schweineblut Schweineblut
Schweineblut Schweineblut Schweineblut
Schweineblut Schweineblut Schweineblut
Schweineblut Schweineblut Schweineblut
Schweineblut Schweineblut Schweineblut
Schweineblut Schweineblut Schweineblut
Schweineblut Schweineblut Schweineblut
Schweineblut Schweineblut Schweineblut
Schweineblut Schweineblut Schweineblut
Schweineblut Schweineblut Schweineblut
Schweineblut Schweineblut Schweineblut
Schweineblut Schweineblut Schweineblut
Schweineblut Schweineblut Schweineblut
Schweineblut Schweineblut Schweineblut
Schweineblut Schweineblut Schweineblut
Schweineblut Schweineblut Schweineblut
Schweineblut Schweineblut Schweineblut
Schweineblut Schweineblut Schweineblut
Schweineblut Schweineblut Schweineblut
Schweineblut Schweineblut Schweineblut
Schweineblut Schweineblut Schweineblut
Schweineblut Schweineblut Schweineblut
Schweineblut Schweineblut Schweineblut
Schweineblut Schweineblut Schweineblut
Schweineblut Schweineblut Schweineblut
Schweineblut Schweineblut Schweineblut
Schweineblut Schweineblut Schweineblut
Schweineblut Schweineblut Schweineblut
Schweineblut Schweineblut Schweineblut
Schweineblut Schweineblut Schweineblut
Schweineblut Schweineblut Schweineblut
Schweineblut Schweineblut Schweineblut
Schweineblut Schweineblut Schweineblut
Schweineblut Schweineblut Schweineblut
Schweineblut Schweineblut Schweineblut
Schweineblut Schweineblut Schweineblut
Schweineblut Schweineblut Schweineblut

Schweineblut Schweineblut Schweineblut
Schweineblut Schweineblut Schweineblut
Schweineblut Schweineblut Schweineblut
Schweineblut Schweineblut Schweineblut
Schweineblut Schweineblut Schweineblut
Schweineblut Schweineblut Schweineblut
Schweineblut Schweineblut Schweineblut
Schweineblut Schweineblut Schweineblut
Schweineblut Schweineblut Schweineblut
Schweineblut Schweineblut Schweineblut
Schweineblut Schweineblut Schweineblut
Schweineblut Schweineblut Schweineblut
Schweineblut Schweineblut Schweineblut
Schweineblut Schweineblut Schweineblut
Schweineblut Schweineblut Schweineblut
Schweineblut Schweineblut Schweineblut
Schweineblut Schweineblut Schweineblut
Schweineblut Schweineblut Schweineblut
Schweineblut Schweineblut Schweineblut
Schweineblut Schweineblut Schweineblut
Schweineblut Schweineblut Schweineblut
Schweineblut Schweineblut Schweineblut
Schweineblut Schweineblut Schweineblut
Schweineblut Schweineblut Schweineblut
Schweineblut Schweineblut Schweineblut
Schweineblut Schweineblut Schweineblut
Schweineblut Schweineblut Schweineblut
Schweineblut Schweineblut Schweineblut
Schweineblut Schweineblut Schweineblut
Schweineblut Schweineblut Schweineblut
Schweineblut Schweineblut Schweineblut
Schweineblut Schweineblut Schweineblut
Schweineblut Schweineblut Schweineblut
Schweineblut Schweineblut Schweineblut
Schweineblut Schweineblut Schweineblut
Schweineblut Schweineblut Schweineblut
Schweineblut Schweineblut Schweineblut

Schweineblut Schweineblut Schweineblut
Schweineblut Schweineblut Schweineblut
Schweineblut Schweineblut Schweineblut
Schweineblut Schweineblut Schweineblut
Schweineblut Schweineblut Schweineblut
Schweineblut Schweineblut Schweineblut
Schweineblut Schweineblut Schweineblut
Schweineblut Schweineblut Schweineblut
Schweineblut Schweineblut Schweineblut
Schweineblut Schweineblut Schweineblut
Schweineblut Schweineblut Schweineblut
Schweineblut Schweineblut Schweineblut
Schweineblut Schweineblut Schweineblut
Schweineblut Schweineblut Schweineblut
Schweineblut Schweineblut Schweineblut
Schweineblut Schweineblut Schweineblut
Schweineblut Schweineblut Schweineblut
Schweineblut Schweineblut Schweineblut
Schweineblut Schweineblut Schweineblut
Schweineblut Schweineblut Schweineblut
Schweineblut Schweineblut Schweineblut
Schweineblut Schweineblut Schweineblut
Schweineblut Schweineblut Schweineblut
Schweineblut Schweineblut Schweineblut
Schweineblut Schweineblut Schweineblut
Schweineblut Schweineblut Schweineblut
Schweineblut Schweineblut Schwoinoblut
Schweineblut Schweineblut Schweineblut
Schweineblut Schweineblut Schweineblut
Schweineblut Schweineblut Schweineblut
Schweineblut Schweineblut Schweineblut
Schweineblut Schweineblut Schweineblut
Schweineblut Schweineblut Schweineblut
Schweineblut Schweineblut Schweineblut
Schweineblut Schweineblut Schweineblut
Schweineblut Schweineblut Schweineblut
Schweineblut Schweineblut Schweineblut
Schweineblut Schweineblut Schweineblut
Schweineblut Schweineblut Schweineblut

Schweineblut Schweineblut Schweineblut
Schweineblut Schweineblut Schweineblut
Schweineblut Schweineblut Schweineblut
Schweineblut Schweineblut Schweineblut
Schweineblut Schweineblut Schweineblut
Schweineblut Schweineblut Schweineblut
Schweineblut Schweineblut Schweineblut
Schweineblut Schweineblut Schweineblut
Schweineblut Schweineblut Schweineblut
Schweineblut Schweineblut Schweineblut
Schweineblut Schweineblut Schweineblut
Schweineblut Schweineblut Schweineblut
Schweineblut Schweineblut Schweineblut
Schweineblut Schweineblut Schweineblut
Schweineblut Schweineblut Schweineblut
Schweineblut Schweineblut Schweineblut
Schweineblut Schweineblut Schweineblut
Schweineblut Schweineblut Schweineblut
Schweineblut Schweineblut Schweineblut
Schweineblut Schweineblut Schweineblut
Schweineblut Schweineblut Schweineblut
Schweineblut Schweineblut Schweineblut
Schweineblut Schweineblut Schweineblut
Schweineblut Schweineblut Schweineblut
Schweineblut Schweineblut Schweineblut
Schweineblut Schweineblut Schweineblut
Schweineblut Schweineblut Schweineblut
Schweineblut Schweineblut Schweineblut
Schweineblut Schweineblut Schweineblut
Schweineblut Schweineblut Schweineblut
Schweineblut Schweineblut Schweineblut
Schweineblut Schweineblut Schweineblut
Schweineblut Schweineblut Schweineblut
Schweineblut Schweineblut Schweineblut
Schweineblut Schweineblut Schweineblut
Schweineblut Schweineblut Schweineblut

Schweineblut Schweineblut Schweineblut
Schweineblut Schweineblut Schweineblut
Schweineblut Schweineblut Schweineblut
Schweineblut Schweineblut Schweineblut
Schweineblut Schweineblut Schweineblut
Schweineblut Schweineblut Schweineblut
Schweineblut Schweineblut Schweineblut
Schweineblut Schweineblut Schweineblut
Schweineblut Schweineblut Schweineblut
Schweineblut Schweineblut Schweineblut
Schweineblut Schweineblut Schweineblut
Schweineblut Schweineblut Schweineblut
Schweineblut Schweineblut Schweineblut
Schweineblut Schweineblut Schweineblut
Schweineblut Schweineblut Schweineblut
Schweineblut Schweineblut Schweineblut
Schweineblut Schweineblut Schweineblut
Schweineblut Schweineblut Schweineblut
Schweineblut Schweineblut Schweineblut
Schweineblut Schweineblut Schweineblut
Schweineblut Schweineblut Schweineblut
Schweineblut Schweineblut Schweineblut
Schweineblut Schweineblut Schweineblut
Schweineblut Schweineblut Schweineblut
Schweineblut Schweineblut Schweineblut
Schweineblut Schweineblut Schweineblut
Schweineblut Schweineblut Schweineblut
Schweineblut Schweineblut Schweineblut
Schweineblut Schweineblut Schweineblut
Schweineblut Schweineblut Schweineblut
Schweineblut Schweineblut Schweineblut
Schweineblut Schweineblut Schweineblut
Schweineblut Schweineblut Schweineblut
Schweineblut Schweineblut Schweineblut
Schweineblut Schweineblut Schweineblut
Schweineblut Schweineblut Schweineblut
Schweineblut Schweineblut Schweineblut
Schweineblut Schweineblut Schweineblut

Schweineblut Schweineblut Schweineblut
Schweineblut Schweineblut Schweineblut
Schweineblut Schweineblut Schweineblut
Schweineblut Schweineblut Schweineblut
Schweineblut Schweineblut Schweineblut
Schweineblut Schweineblut Schweineblut
Schweineblut Schweineblut Schweineblut
Schweineblut Schweineblut Schweineblut
Schweineblut Schweineblut Schweineblut
Schweineblut Schweineblut Schweineblut
Schweineblut Schweineblut Schweineblut
Schweineblut Schweineblut Schweineblut
Schweineblut Schweineblut Schweineblut
Schweineblut Schweineblut Schweineblut
Schweineblut Schweineblut Schweineblut
Schweineblut Schweineblut Schweineblut
Schweineblut Schweineblut Schweineblut
Schweineblut Schweineblut Schweineblut
Schweineblut Schweineblut Schweineblut
Schweineblut Schweineblut Schweineblut
Schweineblut Schweineblut Schweineblut
Schweineblut Schweineblut Schweineblut
Schweineblut Schweineblut Schweineblut
Schweineblut Schweineblut Schweineblut
Schweineblut Schweineblut Schweineblut
Schweineblut Schweineblut Schweineblut
Schweineblut Schweineblut Schweineblut
Schweineblut Schweineblut Schweineblut
Schweineblut Schweineblut Schweineblut
Schweineblut Schweineblut Schweineblut
Schweineblut Schweineblut Schweineblut
Schweineblut Schweineblut Schweineblut
Schweineblut Schweineblut Schweineblut
Schweineblut Schweineblut Schweineblut
Schweineblut Schweineblut Schweineblut
Schweineblut Schweineblut Schweineblut

Schweineblut Schweineblut Schweineblut
Schweineblut Schweineblut Schweineblut
Schweineblut Schweineblut Schweineblut
Schweineblut Schweineblut Schweineblut
Schweineblut Schweineblut Schweineblut
Schweineblut Schweineblut Schweineblut
Schweineblut Schweineblut Schweineblut
Schweineblut Schweineblut Schweineblut
Schweineblut Schweineblut Schweineblut
Schweineblut Schweineblut Schweineblut
Schweineblut Schweineblut Schweineblut
Schweineblut Schweineblut Schweineblut
Schweineblut Schweineblut Schweineblut
Schweineblut Schweineblut Schweineblut
Schweineblut Schweineblut Schweineblut
Schweineblut Schweineblut Schweineblut
Schweineblut Schweineblut Schweineblut
Schweineblut Schweineblut Schweineblut
Schweineblut Schweineblut Schweineblut
Schweineblut Schweineblut Schweineblut
Schweineblut Schweineblut Schweineblut
Schweineblut Schweineblut Schweineblut
Schweineblut Schweineblut Schweineblut
Schweineblut Schweineblut Schweineblut
Schweineblut Schweineblut Schweineblut
Schweineblut Schweineblut Schweineblut
Schweineblut Schweineblut Schweineblut
Schweineblut Schweineblut Schweineblut
Schweineblut Schweineblut Schweineblut
Schweineblut Schweineblut Schweineblut
Schweineblut Schweineblut Schweineblut
Schweineblut Schweineblut Schweineblut
Schweineblut Schweineblut Schweineblut
Schweineblut Schweineblut Schweineblut
Schweineblut Schweineblut Schweineblut
Schweineblut Schweineblut Schweineblut
Schweineblut Schweineblut Schweineblut

Schweineblut Schweineblut Schweineblut
Schweineblut Schweineblut Schweineblut
Schweineblut Schweineblut Schweineblut
Schweineblut Schweineblut Schweineblut
Schweineblut Schweineblut Schweineblut
Schweineblut Schweineblut Schweineblut
Schweineblut Schweineblut Schweineblut
Schweineblut Schweineblut Schweineblut
Schweineblut Schweineblut Schweineblut
Schweineblut Schweineblut Schweineblut
Schweineblut Schweineblut Schweineblut
Schweineblut Schweineblut Schweineblut
Schweineblut Schweineblut Schweineblut
Schweineblut Schweineblut Schweineblut
Schweineblut Schweineblut Schweineblut
Schweineblut Schweineblut Schweineblut
Schweineblut Schweineblut Schweineblut
Schweineblut Schweineblut Schweineblut
Schweineblut Schweineblut Schweineblut
Schweineblut Schweineblut Schweineblut
Schweineblut Schweineblut Schweineblut
Schweineblut Schweineblut Schweineblut
Schweineblut Schweineblut Schweineblut
Schweineblut Schweineblut Schweineblut
Schweineblut Schweineblut Schweineblut
Schweineblut Schweineblut Schweineblut
Schweineblut Schweineblut Schweineblut
Schweineblut Schweineblut Schweineblut
Schweineblut Schweineblut Schweineblut
Schweineblut Schweineblut Schweineblut
Schweineblut Schweineblut Schweineblut
Schweineblut Schweineblut Schweineblut
Schweineblut Schweineblut Schweineblut
Schweineblut Schweineblut Schweineblut
Schweineblut Schweineblut Schweineblut
Schweineblut Schweineblut Schweineblut
Schweineblut Schweineblut Schweineblut
Schweineblut Schweineblut Schweineblut
Schweineblut Schweineblut Schweineblut

Schweineblut Schweineblut Schweineblut
Schweineblut Schweineblut Schweineblut
Schweineblut Schweineblut Schweineblut
Schweineblut Schweineblut Schweineblut
Schweineblut Schweineblut Schweineblut
Schweineblut Schweineblut Schweineblut
Schweineblut Schweineblut Schweineblut
Schweineblut Schweineblut Schweineblut
Schweineblut Schweineblut Schweineblut
Schweineblut Schweineblut Schweineblut
Schweineblut Schweineblut Schweineblut
Schweineblut Schweineblut Schweineblut
Schweineblut Schweineblut Schweineblut
Schweineblut Schweineblut Schweineblut
Schweineblut Schweineblut Schweineblut
Schweineblut Schweineblut Schweineblut
Schweineblut Schweineblut Schweineblut
Schweineblut Schweineblut Schweineblut
Schweineblut Schweineblut Schweineblut
Schweineblut Schweineblut Schweineblut
Schweineblut Schweineblut Schweineblut
Schweineblut Schweineblut Schweineblut
Schweineblut Schweineblut Schweineblut
Schweineblut Schweineblut Schweineblut
Schweineblut Schweineblut Schweineblut
Schweineblut Schweineblut Schweineblut
Schweineblut Schweineblut Schweineblut
Schweineblut Schweineblut Schweineblut
Schweineblut Schweineblut Schweineblut
Schweineblut Schweineblut Schweineblut
Schweineblut Schweineblut Schweineblut
Schweineblut Schweineblut Schweineblut
Schweineblut Schweineblut Schweineblut
Schweineblut Schweineblut Schweineblut
Schweineblut Schweineblut Schweineblut
Schweineblut Schweineblut Schweineblut

Schweineblut Schweineblut Schweineblut
Schweineblut Schweineblut Schweineblut
Schweineblut Schweineblut Schweineblut
Schweineblut Schweineblut Schweineblut
Schweineblut Schweineblut Schweineblut
Schweineblut Schweineblut Schweineblut
Schweineblut Schweineblut Schweineblut
Schweineblut Schweineblut Schweineblut
Schweineblut Schweineblut Schweineblut
Schweineblut Schweineblut Schweineblut
Schweineblut Schweineblut Schweineblut
Schweineblut Schweineblut Schweineblut
Schweineblut Schweineblut Schweineblut
Schweineblut Schweineblut Schweineblut
Schweineblut Schweineblut Schweineblut
Schweineblut Schweineblut Schweineblut
Schweineblut Schweineblut Schweineblut
Schweineblut Schweineblut Schweineblut
Schweineblut Schweineblut Schweineblut
Schweineblut Schweineblut Schweineblut
Schweineblut Schweineblut Schweineblut
Schweineblut Schweineblut Schweineblut
Schweineblut Schweineblut Schweineblut
Schweineblut Schweineblut Schweineblut
Schweineblut Schweineblut Schweineblut
Schweineblut Schweineblut Schweineblut
Schweineblut Schweineblut Schweineblut
Schweineblut Schweineblut Schweineblut
Schweineblut Schweineblut Schweineblut
Schweineblut Schweineblut Schweineblut
Schweineblut Schweineblut Schweineblut
Schweineblut Schweineblut Schweineblut
Schweineblut Schweineblut Schweineblut
Schweineblut Schweineblut Schweineblut
Schweineblut Schweineblut Schweineblut
Schweineblut Schweineblut Schweineblut
Schweineblut Schweineblut Schweineblut

Schweineblut Schweineblut Schweineblut
Schweineblut Schweineblut Schweineblut
Schweineblut Schweineblut Schweineblut
Schweineblut Schweineblut Schweineblut
Schweineblut Schweineblut Schweineblut
Schweineblut Schweineblut Schweineblut
Schweineblut Schweineblut Schweineblut
Schweineblut Schweineblut Schweineblut
Schweineblut Schweineblut Schweineblut
Schweineblut Schweineblut Schweineblut
Schweineblut Schweineblut Schweineblut
Schweineblut Schweineblut Schweineblut
Schweineblut Schweineblut Schweineblut
Schweineblut Schweineblut Schweineblut
Schweineblut Schweineblut Schweineblut
Schweineblut Schweineblut Schweineblut
Schweineblut Schweineblut Schweineblut
Schweineblut Schweineblut Schweineblut
Schweineblut Schweineblut Schweineblut
Schweineblut Schweineblut Schweineblut
Schweineblut Schweineblut Schweineblut
Schweineblut Schweineblut Schweineblut
Schweineblut Schweineblut Schweineblut
Schweineblut Schweineblut Schweineblut
Schweineblut Schweineblut Schweineblut
Schweineblut Schweineblut Schweineblut
Schweineblut Schweineblut Schweineblut
Schweineblut Schweineblut Schweineblut
Schweineblut Schweineblut Schweineblut
Schweineblut Schweineblut Schweineblut
Schweineblut Schweineblut Schweineblut
Schweineblut Schweineblut Schweineblut
Schweineblut Schweineblut Schweineblut
Schweineblut Schweineblut Schweineblut
Schweineblut Schweineblut Schweineblut
Schweineblut Schweineblut Schweineblut
Schweineblut Schweineblut Schweineblut
Schweineblut Schweineblut Schweineblut

Schweineblut Schweineblut Schweineblut
Schweineblut Schweineblut Schweineblut
Schweineblut Schweineblut Schweineblut
Schweineblut Schweineblut Schweineblut
Schweineblut Schweineblut Schweineblut
Schweineblut Schweineblut Schweineblut
Schweineblut Schweineblut Schweineblut
Schweineblut Schweineblut Schweineblut
Schweineblut Schweineblut Schweineblut
Schweineblut Schweineblut Schweineblut
Schweineblut Schweineblut Schweineblut
Schweineblut Schweineblut Schweineblut
Schweineblut Schweineblut Schweineblut
Schweineblut Schweineblut Schweineblut
Schweineblut Schweineblut Schweineblut
Schweineblut Schweineblut Schweineblut
Schweineblut Schweineblut Schweineblut
Schweineblut Schweineblut Schweineblut
Schweineblut Schweineblut Schweineblut
Schweineblut Schweineblut Schweineblut
Schweineblut Schweineblut Schweineblut
Schweineblut Schweineblut Schweineblut
Schweineblut Schweineblut Schweineblut
Schweineblut Schweineblut Schweineblut
Schweineblut Schweineblut Schweineblut
Schweineblut Schweineblut Schweineblut
Schweineblut Schweineblut Schweineblut
Schweineblut Schweineblut Schweineblut
Schweineblut Schweineblut Schweineblut
Schweineblut Schweineblut Schweineblut
Schweineblut Schweineblut Schweineblut
Schweineblut Schweineblut Schweineblut
Schweineblut Schweineblut Schweineblut
Schweineblut Schweineblut Schweineblut
Schweineblut Schweineblut Schweineblut
Schweineblut Schweineblut Schweineblut
Schweineblut Schweineblut Schweineblut

Schweineblut Schweineblut Schweineblut
Schweineblut Schweineblut Schweineblut
Schweineblut Schweineblut Schweineblut
Schweineblut Schweineblut Schweineblut
Schweineblut Schweineblut Schweineblut
Schweineblut Schweineblut Schweineblut
Schweineblut Schweineblut Schweineblut
Schweineblut Schweineblut Schweineblut
Schweineblut Schweineblut Schweineblut
Schweineblut Schweineblut Schweineblut
Schweineblut Schweineblut Schweineblut
Schweineblut Schweineblut Schweineblut
Schweineblut Schweineblut Schweineblut
Schweineblut Schweineblut Schweineblut
Schweineblut Schweineblut Schweineblut
Schweineblut Schweineblut Schweineblut
Schweineblut Schweineblut Schweineblut
Schweineblut Schweineblut Schweineblut
Schweineblut Schweineblut Schweineblut
Schweineblut Schweineblut Schweineblut
Schweineblut Schweineblut Schweineblut
Schweineblut Schweineblut Schweineblut
Schweineblut Schweineblut Schweineblut
Schweineblut Schweineblut Schweineblut
Schweineblut Schweineblut Schweineblut
Schweineblut Schweineblut Schweineblut
Schweineblut Schweineblut Schweineblut
Schweineblut Schweineblut Schweineblut
Schweineblut Schweineblut Schweineblut
Schweineblut Schweineblut Schweineblut
Schweineblut Schweineblut Schweineblut
Schweineblut Schweineblut Schweineblut
Schweineblut Schweineblut Schweineblut
Schweineblut Schweineblut Schweineblut
Schweineblut Schweineblut Schweineblut
Schweineblut Schweineblut Schweineblut
Schweineblut Schweineblut Schweineblut
Schweineblut Schweineblut Schweineblut
Schweineblut Schweineblut Schweineblut

Schweineblut Schweineblut Schweineblut
Schweineblut Schweineblut Schweineblut
Schweineblut Schweineblut Schweineblut
Schweineblut Schweineblut Schweineblut
Schweineblut Schweineblut Schweineblut
Schweineblut Schweineblut Schweineblut
Schweineblut Schweineblut Schweineblut
Schweineblut Schweineblut Schweineblut
Schweineblut Schweineblut Schweineblut
Schweineblut Schweineblut Schweineblut
Schweineblut Schweineblut Schweineblut
Schweineblut Schweineblut Schweineblut
Schweineblut Schweineblut Schweineblut
Schweineblut Schweineblut Schweineblut
Schweineblut Schweineblut Schweineblut
Schweineblut Schweineblut Schweineblut
Schweineblut Schweineblut Schweineblut
Schweineblut Schweineblut Schweineblut
Schweineblut Schweineblut Schweineblut
Schweineblut Schweineblut Schweineblut
Schweineblut Schweineblut Schweineblut
Schweineblut Schweineblut Schweineblut
Schweineblut Schweineblut Schweineblut
Schweineblut Schweineblut Schweineblut
Schweineblut Schweineblut Schweineblut
Schweineblut Schweineblut Schweineblut
Schweineblut Schweineblut Schweineblut
Schweineblut Schweineblut Schweineblut
Schweineblut Schweineblut Schweineblut
Schweineblut Schweineblut Schweineblut
Schweineblut Schweineblut Schweineblut
Schweineblut Schweineblut Schweineblut
Schweineblut Schweineblut Schweineblut
Schweineblut Schweineblut Schweineblut
Schweineblut Schweineblut Schweineblut
Schweineblut Schweineblut Schweineblut
Schweineblut Schweineblut Schweineblut

Schweineblut Schweineblut Schweineblut
Schweineblut Schweineblut Schweineblut
Schweineblut Schweineblut Schweineblut
Schweineblut Schweineblut Schweineblut
Schweineblut Schweineblut Schweineblut
Schweineblut Schweineblut Schweineblut
Schweineblut Schweineblut Schweineblut
Schweineblut Schweineblut Schweineblut
Schweineblut Schweineblut Schweineblut
Schweineblut Schweineblut Schweineblut
Schweineblut Schweineblut Schweineblut
Schweineblut Schweineblut Schweineblut
Schweineblut Schweineblut Schweineblut
Schweineblut Schweineblut Schweineblut
Schweineblut Schweineblut Schweineblut
Schweineblut Schweineblut Schweineblut
Schweineblut Schweineblut Schweineblut
Schweineblut Schweineblut Schweineblut
Schweineblut Schweineblut Schweineblut
Schweineblut Schweineblut Schweineblut
Schweineblut Schweineblut Schweineblut
Schweineblut Schweineblut Schweineblut
Schweineblut Schweineblut Schweineblut
Schweineblut Schweineblut Schweineblut
Schweineblut Schweineblut Schweineblut
Schweineblut Schweineblut Schweoinoblut
Schweineblut Schweineblut Schweineblut
Schweineblut Schweineblut Schweineblut
Schweineblut Schweineblut Schweineblut
Schweineblut Schweineblut Schweineblut
Schweineblut Schweineblut Schweineblut
Schweineblut Schweineblut Schweineblut
Schweineblut Schweineblut Schweineblut
Schweineblut Schweineblut Schweineblut
Schweineblut Schweineblut Schweineblut
Schweineblut Schweineblut Schweineblut
Schweineblut Schweineblut Schweineblut
Schweineblut Schweineblut Schweineblut

Schweineblut Schweineblut Schweineblut
Schweineblut Schweineblut Schweineblut
Schweineblut Schweineblut Schweineblut
Schweineblut Schweineblut Schweineblut
Schweineblut Schweineblut Schweineblut
Schweineblut Schweineblut Schweineblut
Schweineblut Schweineblut Schweineblut
Schweineblut Schweineblut Schweineblut
Schweineblut Schweineblut Schweineblut
Schweineblut Schweineblut Schweineblut
Schweineblut Schweineblut Schweineblut
Schweineblut Schweineblut Schweineblut
Schweineblut Schweineblut Schweineblut
Schweineblut Schweineblut Schweineblut
Schweineblut Schweineblut Schweineblut
Schweineblut Schweineblut Schweineblut
Schweineblut Schweineblut Schweineblut
Schweineblut Schweineblut Schweineblut
Schweineblut Schweineblut Schweineblut
Schweineblut Schweineblut Schweineblut
Schweineblut Schweineblut Schweineblut
Schweineblut Schweineblut Schweineblut
Schweineblut Schweineblut Schweineblut
Schweineblut Schweineblut Schweineblut
Schweineblut Schweineblut Schweineblut
Schweineblut Schweineblut Schweineblut
Schweineblut Schweineblut Schweineblut
Schweineblut Schweineblut Schweineblut
Schweineblut Schweineblut Schweineblut
Schweineblut Schweineblut Schweineblut
Schweineblut Schweineblut Schweineblut
Schweineblut Schweineblut Schweineblut
Schweineblut Schweineblut Schweineblut
Schweineblut Schweineblut Schweineblut
Schweineblut Schweineblut Schweineblut
Schweineblut Schweineblut Schweineblut
Schweineblut Schweineblut Schweineblut

Schweineblut Schweineblut Schweineblut
Schweineblut Schweineblut Schweineblut
Schweineblut Schweineblut Schweineblut
Schweineblut Schweineblut Schweineblut
Schweineblut Schweineblut Schweineblut
Schweineblut Schweineblut Schweineblut
Schweineblut Schweineblut Schweineblut
Schweineblut Schweineblut Schweineblut
Schweineblut Schweineblut Schweineblut
Schweineblut Schweineblut Schweineblut
Schweineblut Schweineblut Schweineblut
Schweineblut Schweineblut Schweineblut
Schweineblut Schweineblut Schweineblut
Schweineblut Schweineblut Schweineblut
Schweineblut Schweineblut Schweineblut
Schweineblut Schweineblut Schweineblut
Schweineblut Schweineblut Schweineblut
Schweineblut Schweineblut Schweineblut
Schweineblut Schweineblut Schweineblut
Schweineblut Schweineblut Schweineblut
Schweineblut Schweineblut Schweineblut
Schweineblut Schweineblut Schweineblut
Schweineblut Schweineblut Schweineblut
Schweineblut Schweineblut Schweineblut
Schweineblut Schweineblut Schweineblut
Schweineblut Schweineblut Schweineblut
Schweineblut Schweineblut Schweineblut
Schweineblut Schweineblut Schweineblut
Schweineblut Schweineblut Schweineblut
Schweineblut Schweineblut Schweineblut
Schweineblut Schweineblut Schweineblut
Schweineblut Schweineblut Schweineblut
Schweineblut Schweineblut Schweineblut
Schweineblut Schweineblut Schweineblut
Schweineblut Schweineblut Schweineblut
Schweineblut Schweineblut Schweineblut
Schweineblut Schweineblut Schweineblut
Schweineblut Schweineblut Schweineblut

Schweineblut Schweineblut Schweineblut
Schweineblut Schweineblut Schweineblut
Schweineblut Schweineblut Schweineblut
Schweineblut Schweineblut Schweineblut
Schweineblut Schweineblut Schweineblut
Schweineblut Schweineblut Schweineblut
Schweineblut Schweineblut Schweineblut
Schweineblut Schweineblut Schweineblut
Schweineblut Schweineblut Schweineblut
Schweineblut Schweineblut Schweineblut
Schweineblut Schweineblut Schweineblut
Schweineblut Schweineblut Schweineblut
Schweineblut Schweineblut Schweineblut
Schweineblut Schweineblut Schweineblut
Schweineblut Schweineblut Schweineblut
Schweineblut Schweineblut Schweineblut
Schweineblut Schweineblut Schweineblut
Schweineblut Schweineblut Schweineblut
Schweineblut Schweineblut Schweineblut
Schweineblut Schweineblut Schweineblut
Schweineblut Schweineblut Schweineblut
Schweineblut Schweineblut Schweineblut
Schweineblut Schweineblut Schweineblut
Schweineblut Schweineblut Schweineblut
Schweineblut Schweineblut Schweineblut
Schweineblut Schweineblut Schweineblut
Schweineblut Schweineblut Schweineblut
Schweineblut Schweineblut Schweineblut
Schweineblut Schweineblut Schweineblut
Schweineblut Schweineblut Schweineblut
Schweineblut Schweineblut Schweineblut
Schweineblut Schweineblut Schweineblut
Schweineblut Schweineblut Schweineblut
Schweineblut Schweineblut Schweineblut
Schweineblut Schweineblut Schweineblut
Schweineblut Schweineblut Schweineblut
Schweineblut Schweineblut Schweineblut
Schweineblut Schweineblut Schweineblut

Schweineblut Schweineblut Schweineblut
Schweineblut Schweineblut Schweineblut
Schweineblut Schweineblut Schweineblut
Schweineblut Schweineblut Schweineblut
Schweineblut Schweineblut Schweineblut
Schweineblut Schweineblut Schweineblut
Schweineblut Schweineblut Schweineblut
Schweineblut Schweineblut Schweineblut
Schweineblut Schweineblut Schweineblut
Schweineblut Schweineblut Schweineblut
Schweineblut Schweineblut Schweineblut
Schweineblut Schweineblut Schweineblut
Schweineblut Schweineblut Schweineblut
Schweineblut Schweineblut Schweineblut
Schweineblut Schweineblut Schweineblut
Schweineblut Schweineblut Schweineblut
Schweineblut Schweineblut Schweineblut
Schweineblut Schweineblut Schweineblut
Schweineblut Schweineblut Schweineblut
Schweineblut Schweineblut Schweineblut
Schweineblut Schweineblut Schweineblut
Schweineblut Schweineblut Schweineblut
Schweineblut Schweineblut Schweineblut
Schweineblut Schweineblut Schweineblut
Schweineblut Schweineblut Schweineblut
Schweineblut Schweineblut Schweineblut
Schweineblut Schweineblut Schweineblut
Schweineblut Schweineblut Schweineblut
Schweineblut Schweineblut Schweineblut
Schweineblut Schweineblut Schweineblut
Schweineblut Schweineblut Schweineblut
Schweineblut Schweineblut Schweineblut
Schweineblut Schweineblut Schweineblut
Schweineblut Schweineblut Schweineblut
Schweineblut Schweineblut Schweineblut
Schweineblut Schweineblut Schweineblut
Schweineblut Schweineblut Schweineblut

Schweineblut Schweineblut Schweineblut
Schweineblut Schweineblut Schweineblut
Schweineblut Schweineblut Schweineblut
Schweineblut Schweineblut Schweineblut
Schweineblut Schweineblut Schweineblut
Schweineblut Schweineblut Schweineblut
Schweineblut Schweineblut Schweineblut
Schweineblut Schweineblut Schweineblut
Schweineblut Schweineblut Schweineblut
Schweineblut Schweineblut Schweineblut
Schweineblut Schweineblut Schweineblut
Schweineblut Schweineblut Schweineblut
Schweineblut Schweineblut Schweineblut
Schweineblut Schweineblut Schweineblut
Schweineblut Schweineblut Schweineblut
Schweineblut Schweineblut Schweineblut
Schweineblut Schweineblut Schweineblut
Schweineblut Schweineblut Schweineblut
Schweineblut Schweineblut Schweineblut
Schweineblut Schweineblut Schweineblut
Schweineblut Schweineblut Schweineblut
Schweineblut Schweineblut Schweineblut
Schweineblut Schweineblut Schweineblut
Schweineblut Schweineblut Schweineblut
Schweineblut Schweineblut Schweineblut
Schweineblut Schweineblut Schweineblut
Schweineblut Schweineblut Schweineblut
Schweineblut Schweineblut Schweineblut
Schweineblut Schweineblut Schweineblut
Schweineblut Schweineblut Schweineblut
Schweineblut Schweineblut Schweineblut
Schweineblut Schweineblut Schweineblut
Schweineblut Schweineblut Schweineblut
Schweineblut Schweineblut Schweineblut
Schweineblut Schweineblut Schweineblut
Schweineblut Schweineblut Schweineblut
Schweineblut Schweineblut Schweineblut
Schweineblut Schweineblut Schweineblut
Schweineblut Schweineblut Schweineblut

Schweineblut Schweineblut Schweineblut
Schweineblut Schweineblut Schweineblut
Schweineblut Schweineblut Schweineblut
Schweineblut Schweineblut Schweineblut
Schweineblut Schweineblut Schweineblut
Schweineblut Schweineblut Schweineblut
Schweineblut Schweineblut Schweineblut
Schweineblut Schweineblut Schweineblut
Schweineblut Schweineblut Schweineblut
Schweineblut Schweineblut Schweineblut
Schweineblut Schweineblut Schweineblut
Schweineblut Schweineblut Schweineblut
Schweineblut Schweineblut Schweineblut
Schweineblut Schweineblut Schweineblut
Schweineblut Schweineblut Schweineblut
Schweineblut Schweineblut Schweineblut
Schweineblut Schweineblut Schweineblut
Schweineblut Schweineblut Schweineblut
Schweineblut Schweineblut Schweineblut
Schweineblut Schweineblut Schweineblut
Schweineblut Schweineblut Schweineblut
Schweineblut Schweineblut Schweineblut
Schweineblut Schweineblut Schweineblut
Schweineblut Schweineblut Schweineblut
Schweineblut Schweineblut Schweineblut
Schweineblut Schweineblut Schweineblut
Schweineblut Schweineblut Schweineblut
Schweineblut Schweineblut Schweineblut
Schweineblut Schweineblut Schweineblut
Schweineblut Schweineblut Schweineblut
Schweineblut Schweineblut Schweineblut
Schweineblut Schweineblut Schweineblut
Schweineblut Schweineblut Schweineblut
Schweineblut Schweineblut Schweineblut
Schweineblut Schweineblut Schweineblut
Schweineblut Schweineblut Schweineblut
Schweineblut Schweineblut Schweineblut
Schweineblut Schweineblut Schweineblut
Schweineblut Schweineblut Schweineblut

Schweineblut Schweineblut Schweineblut
Schweineblut Schweineblut Schweineblut
Schweineblut Schweineblut Schweineblut
Schweineblut Schweineblut Schweineblut
Schweineblut Schweineblut Schweineblut
Schweineblut Schweineblut Schweineblut
Schweineblut Schweineblut Schweineblut
Schweineblut Schweineblut Schweineblut
Schweineblut Schweineblut Schweineblut
Schweineblut Schweineblut Schweineblut
Schweineblut Schweineblut Schweineblut
Schweineblut Schweineblut Schweineblut
Schweineblut Schweineblut Schweineblut
Schweineblut Schweineblut Schweineblut
Schweineblut Schweineblut Schweineblut
Schweineblut Schweineblut Schweineblut
Schweineblut Schweineblut Schweineblut
Schweineblut Schweineblut Schweineblut
Schweineblut Schweineblut Schweineblut
Schweineblut Schweineblut Schweineblut
Schweineblut Schweineblut Schweineblut
Schweineblut Schweineblut Schweineblut
Schweineblut Schweineblut Schweineblut
Schweineblut Schweineblut Schweineblut
Schweineblut Schweineblut Schweineblut
Schweineblut Schweineblut Schweineblut
Schweineblut Schweineblut Schweineblut
Schweineblut Schweineblut Schweineblut
Schweineblut Schweineblut Schweineblut
Schweineblut Schweineblut Schweineblut
Schweineblut Schweineblut Schweineblut
Schweineblut Schweineblut Schweineblut
Schweineblut Schweineblut Schweineblut
Schweineblut Schweineblut Schweineblut
Schweineblut Schweineblut Schweineblut
Schweineblut Schweineblut Schweineblut
Schweineblut Schweineblut Schweineblut
Schweineblut Schweineblut Schweineblut

Schweineblut Schweineblut Schweineblut
Schweineblut Schweineblut Schweineblut
Schweineblut Schweineblut Schweineblut
Schweineblut Schweineblut Schweineblut
Schweineblut Schweineblut Schweineblut
Schweineblut Schweineblut Schweineblut
Schweineblut Schweineblut Schweineblut
Schweineblut Schweineblut Schweineblut
Schweineblut Schweineblut Schweineblut
Schweineblut Schweineblut Schweineblut
Schweineblut Schweineblut Schweineblut
Schweineblut Schweineblut Schweineblut
Schweineblut Schweineblut Schweineblut
Schweineblut Schweineblut Schweineblut
Schweineblut Schweineblut Schweineblut
Schweineblut Schweineblut Schweineblut
Schweineblut Schweineblut Schweineblut
Schweineblut Schweineblut Schweineblut
Schweineblut Schweineblut Schweineblut
Schweineblut Schweineblut Schweineblut
Schweineblut Schweineblut Schweineblut
Schweineblut Schweineblut Schweineblut
Schweineblut Schweineblut Schweineblut
Schweineblut Schweineblut Schweineblut
Schweineblut Schweineblut Schweineblut
Schweineblut Schweineblut Schweineblut
Schweineblut Schweineblut Schweineblut
Schweineblut Schweineblut Schweineblut
Schweineblut Schweineblut Schweineblut
Schweineblut Schweineblut Schweineblut
Schweineblut Schweineblut Schweineblut
Schweineblut Schweineblut Schweineblut
Schweineblut Schweineblut Schweineblut
Schweineblut Schweineblut Schweineblut
Schweineblut Schweineblut Schweineblut
Schweineblut Schweineblut Schweineblut
Schweineblut Schweineblut Schweineblut

Schweineblut Schweineblut Schweineblut
Schweineblut Schweineblut Schweineblut
Schweineblut Schweineblut Schweineblut
Schweineblut Schweineblut Schweineblut
Schweineblut Schweineblut Schweineblut
Schweineblut Schweineblut Schweineblut
Schweineblut Schweineblut Schweineblut
Schweineblut Schweineblut Schweineblut
Schweineblut Schweineblut Schweineblut
Schweineblut Schweineblut Schweineblut
Schweineblut Schweineblut Schweineblut
Schweineblut Schweineblut Schweineblut
Schweineblut Schweineblut Schweineblut
Schweineblut Schweineblut Schweineblut
Schweineblut Schweineblut Schweineblut
Schweineblut Schweineblut Schweineblut
Schweineblut Schweineblut Schweineblut
Schweineblut Schweineblut Schweineblut
Schweineblut Schweineblut Schweineblut
Schweineblut Schweineblut Schweineblut
Schweineblut Schweineblut Schweineblut
Schweineblut Schweineblut Schweineblut
Schweineblut Schweineblut Schweineblut
Schweineblut Schweineblut Schweineblut
Schweineblut Schweineblut Schweineblut
Schweineblut Schweineblut Schweineblut
Schweineblut Schweineblut Schweineblut
Schweineblut Schweineblut Schweineblut
Schweineblut Schweineblut Schweineblut
Schweineblut Schweineblut Schweineblut
Schweineblut Schweineblut Schweineblut
Schweineblut Schweineblut Schweineblut
Schweineblut Schweineblut Schweineblut
Schweineblut Schweineblut Schweineblut
Schweineblut Schweineblut Schweineblut
Schweineblut Schweineblut Schweineblut
Schweineblut Schweineblut Schweineblut
Schweineblut Schweineblut Schweineblut

Schweineblut Schweineblut Schweineblut
Schweineblut Schweineblut Schweineblut
Schweineblut Schweineblut Schweineblut
Schweineblut Schweineblut Schweineblut
Schweineblut Schweineblut Schweineblut
Schweineblut Schweineblut Schweineblut
Schweineblut Schweineblut Schweineblut
Schweineblut Schweineblut Schweineblut
Schweineblut Schweineblut Schweineblut
Schweineblut Schweineblut Schweineblut
Schweineblut Schweineblut Schweineblut
Schweineblut Schweineblut Schweineblut
Schweineblut Schweineblut Schweineblut
Schweineblut Schweineblut Schweineblut
Schweineblut Schweineblut Schweineblut
Schweineblut Schweineblut Schweineblut
Schweineblut Schweineblut Schweineblut
Schweineblut Schweineblut Schweineblut
Schweineblut Schweineblut Schweineblut
Schweineblut Schweineblut Schweineblut
Schweineblut Schweineblut Schweineblut
Schweineblut Schweineblut Schweineblut
Schweineblut Schweineblut Schweineblut
Schweineblut Schweineblut Schweineblut
Schweineblut Schweineblut Schweineblut
Schweineblut Schweineblut Schweineblut
Schweineblut Schweineblut Schweineblut
Schweineblut Schweineblut Schweineblut
Schweineblut Schweineblut Schweineblut
Schweineblut Schweineblut Schweineblut
Schweineblut Schweineblut Schweineblut
Schweineblut Schweineblut Schweineblut
Schweineblut Schweineblut Schweineblut
Schweineblut Schweineblut Schweineblut
Schweineblut Schweineblut Schweineblut
Schweineblut Schweineblut Schweineblut

Schweineblut Schweineblut Schweineblut
Schweineblut Schweineblut Schweineblut
Schweineblut Schweineblut Schweineblut
Schweineblut Schweineblut Schweineblut
Schweineblut Schweineblut Schweineblut
Schweineblut Schweineblut Schweineblut
Schweineblut Schweineblut Schweineblut
Schweineblut Schweineblut Schweineblut
Schweineblut Schweineblut Schweineblut
Schweineblut Schweineblut Schweineblut
Schweineblut Schweineblut Schweineblut
Schweineblut Schweineblut Schweineblut
Schweineblut Schweineblut Schweineblut
Schweineblut Schweineblut Schweineblut
Schweineblut Schweineblut Schweineblut
Schweineblut Schweineblut Schweineblut
Schweineblut Schweineblut Schweineblut
Schweineblut Schweineblut Schweineblut
Schweineblut Schweineblut Schweineblut
Schweineblut Schweineblut Schweineblut
Schweineblut Schweineblut Schweineblut
Schweineblut Schweineblut Schweineblut
Schweineblut Schweineblut Schweineblut
Schweineblut Schweineblut Schweineblut
Schweineblut Schweineblut Schweineblut
Schweineblut Schweineblut Schweineblut
Schweineblut Schweineblut Schweineblut
Schweineblut Schweineblut Schweineblut
Schweineblut Schweineblut Schweineblut
Schweineblut Schweineblut Schweineblut
Schweineblut Schweineblut Schweineblut
Schweineblut Schweineblut Schweineblut
Schweineblut Schweineblut Schweineblut
Schweineblut Schweineblut Schweineblut
Schweineblut Schweineblut Schweineblut
Schweineblut Schweineblut Schweineblut
Schweineblut Schweineblut Schweineblut
Schweineblut Schweineblut Schweineblut

Schweineblut Schweineblut Schweineblut
Schweineblut Schweineblut Schweineblut
Schweineblut Schweineblut Schweineblut
Schweineblut Schweineblut Schweineblut
Schweineblut Schweineblut Schweineblut
Schweineblut Schweineblut Schweineblut
Schweineblut Schweineblut Schweineblut
Schweineblut Schweineblut Schweineblut
Schweineblut Schweineblut Schweineblut
Schweineblut Schweineblut Schweineblut
Schweineblut Schweineblut Schweineblut
Schweineblut Schweineblut Schweineblut
Schweineblut Schweineblut Schweineblut
Schweineblut Schweineblut Schweineblut
Schweineblut Schweineblut Schweineblut
Schweineblut Schweineblut Schweineblut
Schweineblut Schweineblut Schweineblut
Schweineblut Schweineblut Schweineblut
Schweineblut Schweineblut Schweineblut
Schweineblut Schweineblut Schweineblut
Schweineblut Schweineblut Schweineblut
Schweineblut Schweineblut Schweineblut
Schweineblut Schweineblut Schweineblut
Schweineblut Schweineblut Schweineblut
Schweineblut Schweineblut Schweineblut
Schweineblut Schweineblut Schweineblut
Schweineblut Schweineblut Schweineblut
Schweineblut Schweineblut Schweineblut
Schweineblut Schweineblut Schweineblut
Schweineblut Schweineblut Schweineblut
Schweineblut Schweineblut Schweineblut
Schweineblut Schweineblut Schweineblut
Schweineblut Schweineblut Schweineblut
Schweineblut Schweineblut Schweineblut
Schweineblut Schweineblut Schweineblut
Schweineblut Schweineblut Schweineblut
Schweineblut Schweineblut Schweineblut
Schweineblut Schweineblut Schweineblut
Schweineblut Schweineblut Schweineblut
Schweineblut Schweineblut Schweineblut

Schweineblut Schweineblut Schweineblut
Schweineblut Schweineblut Schweineblut
Schweineblut Schweineblut Schweineblut
Schweineblut Schweineblut Schweineblut
Schweineblut Schweineblut Schweineblut
Schweineblut Schweineblut Schweineblut
Schweineblut Schweineblut Schweineblut
Schweineblut Schweineblut Schweineblut
Schweineblut Schweineblut Schweineblut
Schweineblut Schweineblut Schweineblut
Schweineblut Schweineblut Schweineblut
Schweineblut Schweineblut Schweineblut
Schweineblut Schweineblut Schweineblut
Schweineblut Schweineblut Schweineblut
Schweineblut Schweineblut Schweineblut
Schweineblut Schweineblut Schweineblut
Schweineblut Schweineblut Schweineblut
Schweineblut Schweineblut Schweineblut
Schweineblut Schweineblut Schweineblut
Schweineblut Schweineblut Schweineblut
Schweineblut Schweineblut Schweineblut
Schweineblut Schweineblut Schweineblut
Schweineblut Schweineblut Schweineblut
Schweineblut Schweineblut Schweineblut
Schweineblut Schweineblut Schweineblut
Schweineblut Schweineblut Schweineblut
Schweineblut Schweineblut Schweineblut
Schweineblut Schweineblut Schweineblut
Schweineblut Schweineblut Schweineblut
Schweineblut Schweineblut Schweineblut
Schweineblut Schweineblut Schweineblut
Schweineblut Schweineblut Schweineblut
Schweineblut Schweineblut Schweineblut
Schweineblut Schweineblut Schweineblut
Schweineblut Schweineblut Schweineblut
Schweineblut Schweineblut Schweineblut
Schweineblut Schweineblut Schweineblut
Schweineblut Schweineblut Schweineblut

Schweineblut Schweineblut Schweineblut
Schweineblut Schweineblut Schweineblut
Schweineblut Schweineblut Schweineblut
Schweineblut Schweineblut Schweineblut
Schweineblut Schweineblut Schweineblut
Schweineblut Schweineblut Schweineblut
Schweineblut Schweineblut Schweineblut
Schweineblut Schweineblut Schweineblut
Schweineblut Schweineblut Schweineblut
Schweineblut Schweineblut Schweineblut
Schweineblut Schweineblut Schweineblut
Schweineblut Schweineblut Schweineblut
Schweineblut Schweineblut Schweineblut
Schweineblut Schweineblut Schweineblut
Schweineblut Schweineblut Schweineblut
Schweineblut Schweineblut Schweineblut
Schweineblut Schweineblut Schweineblut
Schweineblut Schweineblut Schweineblut
Schweineblut Schweineblut Schweineblut
Schweineblut Schweineblut Schweineblut
Schweineblut Schweineblut Schweineblut
Schweineblut Schweineblut Schweineblut
Schweineblut Schweineblut Schweineblut
Schweineblut Schweineblut Schweineblut
Schweineblut Schweineblut Schweineblut
Schweineblut Schweineblut Schweineblut
Schweineblut Schweineblut Schweineblut
Schweineblut Schweineblut Schweineblut
Schweineblut Schweineblut Schweineblut
Schweineblut Schweineblut Schweineblut
Schweineblut Schweineblut Schweineblut
Schweineblut Schweineblut Schweineblut
Schweineblut Schweineblut Schweineblut
Schweineblut Schweineblut Schweineblut
Schweineblut Schweineblut Schweineblut
Schweineblut Schweineblut Schweineblut

Schweineblut Schweineblut Schweineblut
Schweineblut Schweineblut Schweineblut
Schweineblut Schweineblut Schweineblut
Schweineblut Schweineblut Schweineblut
Schweineblut Schweineblut Schweineblut
Schweineblut Schweineblut Schweineblut
Schweineblut Schweineblut Schweineblut
Schweineblut Schweineblut Schweineblut
Schweineblut Schweineblut Schweineblut
Schweineblut Schweineblut Schweineblut
Schweineblut Schweineblut Schweineblut
Schweineblut Schweineblut Schweineblut
Schweineblut Schweineblut Schweineblut
Schweineblut Schweineblut Schweineblut
Schweineblut Schweineblut Schweineblut
Schweineblut Schweineblut Schweineblut
Schweineblut Schweineblut Schweineblut
Schweineblut Schweineblut Schweineblut
Schweineblut Schweineblut Schweineblut
Schweineblut Schweineblut Schweineblut
Schweineblut Schweineblut Schweineblut
Schweineblut Schweineblut Schweineblut
Schweineblut Schweineblut Schweineblut
Schweineblut Schweineblut Schweineblut
Schweineblut Schweineblut Schweineblut
Schweineblut Schweineblut Schweineblut
Schweineblut Schweineblut Schweineblut
Schweineblut Schweineblut Schweineblut
Schweineblut Schweineblut Schweineblut
Schweineblut Schweineblut Schweineblut
Schweineblut Schweineblut Schweineblut
Schweineblut Schweineblut Schweineblut
Schweineblut Schweineblut Schweineblut
Schweineblut Schweineblut Schweineblut
Schweineblut Schweineblut Schweineblut
Schweineblut Schweineblut Schweineblut
Schweineblut Schweineblut Schweineblut

Schweineblut Schweineblut Schweineblut
Schweineblut Schweineblut Schweineblut
Schweineblut Schweineblut Schweineblut
Schweineblut Schweineblut Schweineblut
Schweineblut Schweineblut Schweineblut
Schweineblut Schweineblut Schweineblut
Schweineblut Schweineblut Schweineblut
Schweineblut Schweineblut Schweineblut
Schweineblut Schweineblut Schweineblut
Schweineblut Schweineblut Schweineblut
Schweineblut Schweineblut Schweineblut
Schweineblut Schweineblut Schweineblut
Schweineblut Schweineblut Schweineblut
Schweineblut Schweineblut Schweineblut
Schweineblut Schweineblut Schweineblut
Schweineblut Schweineblut Schweineblut
Schweineblut Schweineblut Schweineblut
Schweineblut Schweineblut Schweineblut
Schweineblut Schweineblut Schweineblut
Schweineblut Schweineblut Schweineblut
Schweineblut Schweineblut Schweineblut
Schweineblut Schweineblut Schweineblut
Schweineblut Schweineblut Schweineblut
Schweineblut Schweineblut Schweineblut
Schweineblut Schweineblut Schweineblut
Schweineblut Schweineblut Schweineblut
Schweineblut Schweineblut Schweineblut
Schweineblut Schweineblut Schweineblut
Schweineblut Schweineblut Schweineblut
Schweineblut Schweineblut Schweineblut
Schweineblut Schweineblut Schweineblut
Schweineblut Schweineblut Schweineblut
Schweineblut Schweineblut Schweineblut
Schweineblut Schweineblut Schweineblut
Schweineblut Schweineblut Schweineblut
Schweineblut Schweineblut Schweineblut
Schweineblut Schweineblut Schweineblut
Schweineblut Schweineblut Schweineblut

Schweineblut Schweineblut Schweineblut
Schweineblut Schweineblut Schweineblut
Schweineblut Schweineblut Schweineblut
Schweineblut Schweineblut Schweineblut
Schweineblut Schweineblut Schweineblut
Schweineblut Schweineblut Schweineblut
Schweineblut Schweineblut Schweineblut
Schweineblut Schweineblut Schweineblut
Schweineblut Schweineblut Schweineblut
Schweineblut Schweineblut Schweineblut
Schweineblut Schweineblut Schweineblut
Schweineblut Schweineblut Schweineblut
Schweineblut Schweineblut Schweineblut
Schweineblut Schweineblut Schweineblut
Schweineblut Schweineblut Schweineblut
Schweineblut Schweineblut Schweineblut
Schweineblut Schweineblut Schweineblut
Schweineblut Schweineblut Schweineblut
Schweineblut Schweineblut Schweineblut
Schweineblut Schweineblut Schweineblut
Schweineblut Schweineblut Schweineblut
Schweineblut Schweineblut Schweineblut
Schweineblut Schweineblut Schweineblut
Schweineblut Schweineblut Schweineblut
Schweineblut Schweineblut Schweineblut
Schweineblut Schweineblut Schweineblut
Schweineblut Schweineblut Schweineblut
Schweineblut Schweineblut Schweineblut
Schweineblut Schweineblut Schweineblut
Schweineblut Schweineblut Schweineblut
Schweineblut Schweineblut Schweineblut
Schweineblut Schweineblut Schweineblut
Schweineblut Schweineblut Schweineblut
Schweineblut Schweineblut Schweineblut
Schweineblut Schweineblut Schweineblut
Schweineblut Schweineblut Schweineblut
Schweineblut Schweineblut Schweineblut
Schweineblut Schweineblut Schweineblut

Schweineblut Schweineblut Schweineblut
Schweineblut Schweineblut Schweineblut
Schweineblut Schweineblut Schweineblut
Schweineblut Schweineblut Schweineblut
Schweineblut Schweineblut Schweineblut
Schweineblut Schweineblut Schweineblut
Schweineblut Schweineblut Schweineblut
Schweineblut Schweineblut Schweineblut
Schweineblut Schweineblut Schweineblut
Schweineblut Schweineblut Schweineblut
Schweineblut Schweineblut Schweineblut
Schweineblut Schweineblut Schweineblut
Schweineblut Schweineblut Schweineblut
Schweineblut Schweineblut Schweineblut
Schweineblut Schweineblut Schweineblut
Schweineblut Schweineblut Schweineblut
Schweineblut Schweineblut Schweineblut
Schweineblut Schweineblut Schweineblut
Schweineblut Schweineblut Schweineblut
Schweineblut Schweineblut Schweineblut
Schweineblut Schweineblut Schweineblut
Schweineblut Schweineblut Schweineblut
Schweineblut Schweineblut Schweineblut
Schweineblut Schweineblut Schweineblut
Schweineblut Schweineblut Schweineblut
Schweineblut Schweineblut Schweineblut
Schweineblut Schweineblut Schweineblut
Schweineblut Schweineblut Schweineblut
Schweineblut Schweineblut Schweineblut
Schweineblut Schweineblut Schweineblut
Schweineblut Schweineblut Schweineblut
Schweineblut Schweineblut Schweineblut
Schweineblut Schweineblut Schweineblut
Schweineblut Schweineblut Schweineblut
Schweineblut Schweineblut Schweineblut
Schweineblut Schweineblut Schweineblut
Schweineblut Schweineblut Schweineblut
Schweineblut Schweineblut Schweineblut

Schweineblut Schweineblut Schweineblut
Schweineblut Schweineblut Schweineblut
Schweineblut Schweineblut Schweineblut
Schweineblut Schweineblut Schweineblut
Schweineblut Schweineblut Schweineblut
Schweineblut Schweineblut Schweineblut
Schweineblut Schweineblut Schweineblut
Schweineblut Schweineblut Schweineblut
Schweineblut Schweineblut Schweineblut
Schweineblut Schweineblut Schweineblut
Schweineblut Schweineblut Schweineblut
Schweineblut Schweineblut Schweineblut
Schweineblut Schweineblut Schweineblut
Schweineblut Schweineblut Schweineblut
Schweineblut Schweineblut Schweineblut
Schweineblut Schweineblut Schweineblut
Schweineblut Schweineblut Schweineblut
Schweineblut Schweineblut Schweineblut
Schweineblut Schweineblut Schweineblut
Schweineblut Schweineblut Schweineblut
Schweineblut Schweineblut Schweineblut
Schweineblut Schweineblut Schweineblut
Schweineblut Schweineblut Schweineblut
Schweineblut Schweineblut Schweineblut
Schweineblut Schweineblut Schweineblut
Schweineblut Schweineblut Schweineblut
Schweineblut Schweineblut Schweineblut
Schweineblut Schweineblut Schweineblut
Schweineblut Schweineblut Schweineblut
Schweineblut Schweineblut Schweineblut
Schweineblut Schweineblut Schweineblut
Schweineblut Schweineblut Schweineblut
Schweineblut Schweineblut Schweineblut
Schweineblut Schweineblut Schweineblut
Schweineblut Schweineblut Schweineblut
Schweineblut Schweineblut Schweineblut
Schweineblut Schweineblut Schweineblut
Schweineblut Schweineblut Schweineblut

Schweineblut Schweineblut Schweineblut
Schweineblut Schweineblut Schweineblut
Schweineblut Schweineblut Schweineblut
Schweineblut Schweineblut Schweineblut
Schweineblut Schweineblut Schweineblut
Schweineblut Schweineblut Schweineblut
Schweineblut Schweineblut Schweineblut
Schweineblut Schweineblut Schweineblut
Schweineblut Schweineblut Schweineblut
Schweineblut Schweineblut Schweineblut
Schweineblut Schweineblut Schweineblut
Schweineblut Schweineblut Schweineblut
Schweineblut Schweineblut Schweineblut
Schweineblut Schweineblut Schweineblut
Schweineblut Schweineblut Schweineblut
Schweineblut Schweineblut Schweineblut
Schweineblut Schweineblut Schweineblut
Schweineblut Schweineblut Schweineblut
Schweineblut Schweineblut Schweineblut
Schweineblut Schweineblut Schweineblut
Schweineblut Schweineblut Schweineblut
Schweineblut Schweineblut Schweineblut
Schweineblut Schweineblut Schweineblut
Schweineblut Schweineblut Schweineblut
Schweineblut Schweineblut Schweineblut
Schweineblut Schweineblut Schweineblut
Schweineblut Schweineblut Schweineblut
Schweineblut Schweineblut Schweineblut
Schweineblut Schweineblut Schweineblut
Schweineblut Schweineblut Schweineblut
Schweineblut Schweineblut Schweineblut
Schweineblut Schweineblut Schweineblut
Schweineblut Schweineblut Schweineblut
Schweineblut Schweineblut Schweineblut
Schweineblut Schweineblut Schweineblut
Schweineblut Schweineblut Schweineblut
Schweineblut Schweineblut Schweineblut
Schweineblut Schweineblut Schweineblut
Schweineblut Schweineblut Schweineblut
Schweineblut Schweineblut Schweineblut

Schweineblut Schweineblut Schweineblut
Schweineblut Schweineblut Schweineblut
Schweineblut Schweineblut Schweineblut
Schweineblut Schweineblut Schweineblut
Schweineblut Schweineblut Schweineblut
Schweineblut Schweineblut Schweineblut
Schweineblut Schweineblut Schweineblut
Schweineblut Schweineblut Schweineblut
Schweineblut Schweineblut Schweineblut
Schweineblut Schweineblut Schweineblut
Schweineblut Schweineblut Schweineblut
Schweineblut Schweineblut Schweineblut
Schweineblut Schweineblut Schweineblut
Schweineblut Schweineblut Schweineblut
Schweineblut Schweineblut Schweineblut
Schweineblut Schweineblut Schweineblut
Schweineblut Schweineblut Schweineblut
Schweineblut Schweineblut Schweineblut
Schweineblut Schweineblut Schweineblut
Schweineblut Schweineblut Schweineblut
Schweineblut Schweineblut Schweineblut
Schweineblut Schweineblut Schweineblut
Schweineblut Schweineblut Schweineblut
Schweineblut Schweineblut Schweineblut
Schweineblut Schweineblut Schweineblut
Schweineblut Schweineblut Schweineblut
Schweineblut Schweineblut Schweineblut
Schweineblut Schweineblut Schweineblut
Schweineblut Schweineblut Schweineblut
Schweineblut Schweineblut Schweineblut
Schweineblut Schweineblut Schweineblut
Schweineblut Schweineblut Schweineblut
Schweineblut Schweineblut Schweineblut
Schweineblut Schweineblut Schweineblut
Schweineblut Schweineblut Schweineblut
Schweineblut Schweineblut Schweineblut

Schweineblut Schweineblut Schweineblut
Schweineblut Schweineblut Schweineblut
Schweineblut Schweineblut Schweineblut
Schweineblut Schweineblut Schweineblut
Schweineblut Schweineblut Schweineblut
Schweineblut Schweineblut Schweineblut
Schweineblut Schweineblut Schweineblut
Schweineblut Schweineblut Schweineblut
Schweineblut Schweineblut Schweineblut
Schweineblut Schweineblut Schweineblut
Schweineblut Schweineblut Schweineblut
Schweineblut Schweineblut Schweineblut
Schweineblut Schweineblut Schweineblut
Schweineblut Schweineblut Schweineblut
Schweineblut Schweineblut Schweineblut
Schweineblut Schweineblut Schweineblut
Schweineblut Schweineblut Schweineblut
Schweineblut Schweineblut Schweineblut
Schweineblut Schweineblut Schweineblut
Schweineblut Schweineblut Schweineblut
Schweineblut Schweineblut Schweineblut
Schweineblut Schweineblut Schweineblut
Schweineblut Schweineblut Schweineblut
Schweineblut Schweineblut Schweineblut
Schweineblut Schweineblut Schweineblut
Schweineblut Schweineblut Schweineblut
Schweineblut Schweineblut Schweineblut
Schweineblut Schweineblut Schweineblut
Schweineblut Schweineblut Schweineblut
Schweineblut Schweineblut Schweineblut
Schweineblut Schweineblut Schweineblut
Schweineblut Schweineblut Schweineblut
Schweineblut Schweineblut Schweineblut
Schweineblut Schweineblut Schweineblut
Schweineblut Schweineblut Schweineblut
Schweineblut Schweineblut Schweineblut
Schweineblut Schweineblut Schweineblut
Schweineblut Schweineblut Schweineblut

Schweineblut Schweineblut Schweineblut
Schweineblut Schweineblut Schweineblut
Schweineblut Schweineblut Schweineblut
Schweineblut Schweineblut Schweineblut
Schweineblut Schweineblut Schweineblut
Schweineblut Schweineblut Schweineblut
Schweineblut Schweineblut Schweineblut
Schweineblut Schweineblut Schweineblut
Schweineblut Schweineblut Schweineblut
Schweineblut Schweineblut Schweineblut
Schweineblut Schweineblut Schweineblut
Schweineblut Schweineblut Schweineblut
Schweineblut Schweineblut Schweineblut
Schweineblut Schweineblut Schweineblut
Schweineblut Schweineblut Schweineblut
Schweineblut Schweineblut Schweineblut
Schweineblut Schweineblut Schweineblut
Schweineblut Schweineblut Schweineblut
Schweineblut Schweineblut Schweineblut
Schweineblut Schweineblut Schweineblut
Schweineblut Schweineblut Schweineblut
Schweineblut Schweineblut Schweineblut
Schweineblut Schweineblut Schweineblut
Schweineblut Schweineblut Schweineblut
Schweineblut Schweineblut Schweineblut
Schweineblut Schweineblut Schweineblut
Schweineblut Schweineblut Schweineblut
Schweineblut Schweineblut Schweineblut
Schweineblut Schweineblut Schweineblut
Schweineblut Schweineblut Schweineblut
Schweineblut Schweineblut Schweineblut
Schweineblut Schweineblut Schweineblut
Schweineblut Schweineblut Schweineblut
Schweineblut Schweineblut Schweineblut
Schweineblut Schweineblut Schweineblut
Schweineblut Schweineblut Schweineblut
Schweineblut Schweineblut Schweineblut
Schweineblut Schweineblut Schweineblut

Schweineblut Schweineblut Schweineblut
Schweineblut Schweineblut Schweineblut
Schweineblut Schweineblut Schweineblut
Schweineblut Schweineblut Schweineblut
Schweineblut Schweineblut Schweineblut
Schweineblut Schweineblut Schweineblut
Schweineblut Schweineblut Schweineblut
Schweineblut Schweineblut Schweineblut
Schweineblut Schweineblut Schweineblut
Schweineblut Schweineblut Schweineblut
Schweineblut Schweineblut Schweineblut
Schweineblut Schweineblut Schweineblut
Schweineblut Schweineblut Schweineblut
Schweineblut Schweineblut Schweineblut
Schweineblut Schweineblut Schweineblut
Schweineblut Schweineblut Schweineblut
Schweineblut Schweineblut Schweineblut
Schweineblut Schweineblut Schweineblut
Schweineblut Schweineblut Schweineblut
Schweineblut Schweineblut Schweineblut
Schweineblut Schweineblut Schweineblut
Schweineblut Schweineblut Schweineblut
Schweineblut Schweineblut Schweineblut
Schweineblut Schweineblut Schweineblut
Schweineblut Schweineblut Schweineblut
Schweineblut Schweineblut Schweineblut
Schweineblut Schweineblut Schweineblut
Schweineblut Schweineblut Schweineblut
Schweineblut Schweineblut Schweineblut
Schweineblut Schweineblut Schweineblut
Schweineblut Schweineblut Schweineblut
Schweineblut Schweineblut Schweineblut
Schweineblut Schweineblut Schweineblut
Schweineblut Schweineblut Schweineblut
Schweineblut Schweineblut Schweineblut
Schweineblut Schweineblut Schweineblut
Schweineblut Schweineblut Schweineblut
Schweineblut Schweineblut Schweineblut

Schweineblut Schweineblut Schweineblut
Schweineblut Schweineblut Schweineblut
Schweineblut Schweineblut Schweineblut
Schweineblut Schweineblut Schweineblut
Schweineblut Schweineblut Schweineblut
Schweineblut Schweineblut Schweineblut
Schweineblut Schweineblut Schweineblut
Schweineblut Schweineblut Schweineblut
Schweineblut Schweineblut Schweineblut
Schweineblut Schweineblut Schweineblut
Schweineblut Schweineblut Schweineblut
Schweineblut Schweineblut Schweineblut
Schweineblut Schweineblut Schweineblut
Schweineblut Schweineblut Schweineblut
Schweineblut Schweineblut Schweineblut
Schweineblut Schweineblut Schweineblut
Schweineblut Schweineblut Schweineblut
Schweineblut Schweineblut Schweineblut
Schweineblut Schweineblut Schweineblut
Schweineblut Schweineblut Schweineblut
Schweineblut Schweineblut Schweineblut
Schweineblut Schweineblut Schweineblut
Schweineblut Schweineblut Schweineblut
Schweineblut Schweineblut Schweineblut
Schweineblut Schweineblut Schweineblut
Schweineblut Schweineblut Schweineblut
Schweineblut Schweineblut Schweineblut
Schweineblut Schweineblut Schweineblut
Schweineblut Schweineblut Schweineblut
Schweineblut Schweineblut Schweineblut
Schweineblut Schweineblut Schweineblut
Schweineblut Schweineblut Schweineblut
Schweineblut Schweineblut Schweineblut
Schweineblut Schweineblut Schweineblut
Schweineblut Schweineblut Schweineblut
Schweineblut Schweineblut Schweineblut
Schweineblut Schweineblut Schweineblut
Schweineblut Schweineblut Schweineblut

Schweineblut Schweineblut Schweineblut
Schweineblut Schweineblut Schweineblut
Schweineblut Schweineblut Schweineblut
Schweineblut Schweineblut Schweineblut
Schweineblut Schweineblut Schweineblut
Schweineblut Schweineblut Schweineblut
Schweineblut Schweineblut Schweineblut
Schweineblut Schweineblut Schweineblut
Schweineblut Schweineblut Schweineblut
Schweineblut Schweineblut Schweineblut
Schweineblut Schweineblut Schweineblut
Schweineblut Schweineblut Schweineblut
Schweineblut Schweineblut Schweineblut
Schweineblut Schweineblut Schweineblut
Schweineblut Schweineblut Schweineblut
Schweineblut Schweineblut Schweineblut
Schweineblut Schweineblut Schweineblut
Schweineblut Schweineblut Schweineblut
Schweineblut Schweineblut Schweineblut
Schweineblut Schweineblut Schweineblut
Schweineblut Schweineblut Schweineblut
Schweineblut Schweineblut Schweineblut
Schweineblut Schweineblut Schweineblut
Schweineblut Schweineblut Schweineblut
Schweineblut Schweineblut Schweineblut
Schweineblut Schweineblut Schweineblut
Schweineblut Schweineblut Schweineblut
Schweineblut Schweineblut Schweineblut
Schweineblut Schweineblut Schweineblut
Schweineblut Schweineblut Schweineblut
Schweineblut Schweineblut Schweineblut
Schweineblut Schweineblut Schweineblut
Schweineblut Schweineblut Schweineblut
Schweineblut Schweineblut Schweineblut
Schweineblut Schweineblut Schweineblut
Schweineblut Schweineblut Schweineblut
Schweineblut Schweineblut Schweineblut
Schweineblut Schweineblut Schweineblut

Schweineblut Schweineblut Schweineblut
Schweineblut Schweineblut Schweineblut
Schweineblut Schweineblut Schweineblut
Schweineblut Schweineblut Schweineblut
Schweineblut Schweineblut Schweineblut
Schweineblut Schweineblut Schweineblut
Schweineblut Schweineblut Schweineblut
Schweineblut Schweineblut Schweineblut
Schweineblut Schweineblut Schweineblut
Schweineblut Schweineblut Schweineblut
Schweineblut Schweineblut Schweineblut
Schweineblut Schweineblut Schweineblut
Schweineblut Schweineblut Schweineblut
Schweineblut Schweineblut Schweineblut
Schweineblut Schweineblut Schweineblut
Schweineblut Schweineblut Schweineblut
Schweineblut Schweineblut Schweineblut
Schweineblut Schweineblut Schweineblut
Schweineblut Schweineblut Schweineblut
Schweineblut Schweineblut Schweineblut
Schweineblut Schweineblut Schweineblut
Schweineblut Schweineblut Schweineblut
Schweineblut Schweineblut Schweineblut
Schweineblut Schweineblut Schweineblut
Schweineblut Schweineblut Schweineblut
Schweineblut Schweineblut Schweineblut
Schweineblut Schweineblut Schweineblut
Schweineblut Schweineblut Schweineblut
Schweineblut Schweineblut Schweineblut
Schweineblut Schweineblut Schweineblut
Schweineblut Schweineblut Schweineblut
Schweineblut Schweineblut Schweineblut
Schweineblut Schweineblut Schweineblut
Schweineblut Schweineblut Schweineblut
Schweineblut Schweineblut Schweineblut
Schweineblut Schweineblut Schweineblut
Schweineblut Schweineblut Schweineblut
Schweineblut Schweineblut Schweineblut

Schweineblut Schweineblut Schweineblut
Schweineblut Schweineblut Schweineblut
Schweineblut Schweineblut Schweineblut
Schweineblut Schweineblut Schweineblut
Schweineblut Schweineblut Schweineblut
Schweineblut Schweineblut Schweineblut
Schweineblut Schweineblut Schweineblut
Schweineblut Schweineblut Schweineblut
Schweineblut Schweineblut Schweineblut
Schweineblut Schweineblut Schweineblut
Schweineblut Schweineblut Schweineblut
Schweineblut Schweineblut Schweineblut
Schweineblut Schweineblut Schweineblut
Schweineblut Schweineblut Schweineblut
Schweineblut Schweineblut Schweineblut
Schweineblut Schweineblut Schweineblut
Schweineblut Schweineblut Schweineblut
Schweineblut Schweineblut Schweineblut
Schweineblut Schweineblut Schweineblut
Schweineblut Schweineblut Schweineblut
Schweineblut Schweineblut Schweineblut
Schweineblut Schweineblut Schweineblut
Schweineblut Schweineblut Schweineblut
Schweineblut Schweineblut Schweineblut
Schweineblut Schweineblut Schweineblut
Schweineblut Schweineblut Schweineblut
Schweineblut Schweineblut Schweineblut
Schweineblut Schweineblut Schweineblut
Schweineblut Schweineblut Schweineblut
Schweineblut Schweineblut Schweineblut
Schweineblut Schweineblut Schweineblut
Schweineblut Schweineblut Schweineblut
Schweineblut Schweineblut Schweineblut
Schweineblut Schweineblut Schweineblut
Schweineblut Schweineblut Schweineblut
Schweineblut Schweineblut Schweineblut
Schweineblut Schweineblut Schweineblut
Schweineblut Schweineblut Schweineblut
Schweineblut Schweineblut Schweineblut

Schweineblut Schweineblut Schweineblut
Schweineblut Schweineblut Schweineblut
Schweineblut Schweineblut Schweineblut
Schweineblut Schweineblut Schweineblut
Schweineblut Schweineblut Schweineblut
Schweineblut Schweineblut Schweineblut
Schweineblut Schweineblut Schweineblut
Schweineblut Schweineblut Schweineblut
Schweineblut Schweineblut Schweineblut
Schweineblut Schweineblut Schweineblut
Schweineblut Schweineblut Schweineblut
Schweineblut Schweineblut Schweineblut
Schweineblut Schweineblut Schweineblut
Schweineblut Schweineblut Schweineblut
Schweineblut Schweineblut Schweineblut
Schweineblut Schweineblut Schweineblut
Schweineblut Schweineblut Schweineblut
Schweineblut Schweineblut Schweineblut
Schweineblut Schweineblut Schweineblut
Schweineblut Schweineblut Schweineblut
Schweineblut Schweineblut Schweineblut
Schweineblut Schweineblut Schweineblut
Schweineblut Schweineblut Schweineblut
Schweineblut Schweineblut Schweineblut
Schweineblut Schweineblut Schweineblut
Schweineblut Schweineblut Schweineblut
Schweineblut Schweineblut Schweineblut
Schweineblut Schweineblut Schweineblut
Schweineblut Schweineblut Schweineblut
Schweineblut Schweineblut Schweineblut
Schweineblut Schweineblut Schweineblut
Schweineblut Schweineblut Schweineblut
Schweineblut Schweineblut Schweineblut
Schweineblut Schweineblut Schweineblut
Schweineblut Schweineblut Schweineblut
Schweineblut Schweineblut Schweineblut
Schweineblut Schweineblut Schweineblut

Schweineblut Schweineblut Schweineblut
Schweineblut Schweineblut Schweineblut

.